監修者——木村靖二／岸本美緒／小松久男／佐藤次高

［カバー表写真］
マルティン・ファン・マイテンス「マリア・テレジアの肖像」（1759 年）
ヨーゼフ・ヒッケル「緑の制服姿の皇帝ヨーゼフ 2 世」（1785 年）

［カバー裏写真］
シェーンブルン宮殿

［扉写真］
マルティン・ヨハン・シュミット「幼いヨーゼフ 2 世とマリア・テレジア」（1745 年）

世界史リブレット人56

マリア・テレジアとヨーゼフ2世

ハプスブルク、栄光の立役者

Ineno Tsuyoshi
稲野 強

目次

母子君主二代

　オーストリア・ハプスブルク家の君主マリア・テレジア▲（一七一七～八〇）とヨーゼフ二世▲（一七四一～九〇）母子には、数多くの伝説・神話あるいは逸話がある。母は「女帝」「国母」「慈母」と、つねに敬慕や尊敬の念で想起され、一方息子は「民衆王」「革命家皇帝」「農民の神」と、親しみのなかにもやや嘲笑が込められて記憶されている。

　母マリア・テレジアは、その圧倒的な存在感で今日の「ハプスブルク人気」を支える一人である。息子ヨーゼフ二世は、母に光があたっている分だけ影が薄い。ただし、彼の影の薄さはかならずしも現在の人々の印象だけとはいえない。それは、彼自身一七六五年に二四歳で神聖ローマ皇帝に即位したものの、

▼**マリア・テレジア**（在位一七四〇～八〇）　オーストリア大公およびチェコ・ハンガリー王。ハプスブルク家初の女性君主。

▼**ヨーゼフ二世**　神聖ローマ皇帝（在位一七六五～九〇）、チェコ・ハンガリー王（在位一七八〇～九〇）。啓蒙専制君主。

過去二五年間と変わらず、政治の実権はその後一五年間も母に握られていた事実にもとづいているからである。才気あふれる野心家で、自尊心や正義感が人一倍強いヨーゼフ二世が、十八世紀にヨーロッパをおおった啓蒙思想▲の影響を受け、国家改造の意欲に燃えながらも、つねに「偉大なる女帝」の風下に立っている状態をどこまで甘受できたか。その耐え難さは、想像以上だっただろう。

　さて、マリア・テレジアの人となりが語られるさいに、まず欠かせないのが、彼女が一六人の子どもを出産したという確固たる事実である。少子化傾向の現代からすれば、まるで嘘のような話で、これ自体すでに伝説になる価値は十分ある。しかも彼女は、妊娠中もオーストリア継承戦争▲と七年戦争▲で強敵プロイセンのフリードリヒ二世▲とわたり合った。そればかりか彼女は戦争の敗北で自国の体制の脆弱ぶりが内外に暴露されるや、超保守的な側近たちを退け、有能な人材を周囲に集め、国政改革に着手した。さらに外交にも並々ならぬ手腕を発揮したというわけだから、今日まで彼女の英雄譚には事欠かない。

　マリア・テレジアの母性的包容力と優しさ、慎み深さと一見逆の、果敢に戦う男勝りの姿勢は、当時の情報網によって逐一ヨーロッパの宮廷に伝えられ、

▼**啓蒙思想**（啓蒙主義）　人間理性にもとづいて伝統的権威や制度・習慣、社会的不平等に合理主義的な批判を加え、現状を改革し、よりよい社会の実現をめざす思想と運動。フランス革命の思想的基礎の一つとなる。

▼**オーストリア継承戦争**（一七四〇〜四八年）　ハプスブルク家領の継承権をめぐっておこなわれたオーストリアとプロイセンを中心とした戦争（一六頁参照）。

▼**七年戦争**（一七五六〜六三年）　オーストリアとプロイセンとの間で、ドイツを主戦場としておこなわれた戦争（三八頁参照）。

▼**フリードリヒ二世**（在位一七四〇〜八六）　プロイセン王。「大王」と称される。軍事・官僚制度を強化し、工業の育成に努め、プロイセンを強力な絶対主義国家に押し上げた。「君主は国家第一の下僕」と自称する典型的な啓蒙専制君主。

さらにそれが噂となって巷間に流れ、若くて美貌のハプスブルク家の女君主の存在を実感させた。そこで「ハプスブルクには大いなる男がいると思ったら、女だった」という人口に膾炙《かいしゃ》したフリードリヒ二世の発言がでてくる。それは彼女をあなどれない君主と認めた本音の吐露であったに違いない。

一方、ヨーゼフ二世に関しては、絶対主義の枠内での「上からの改革」に全力をつくした啓蒙専制君主▲の姿が印象深い。フリードリヒ二世も彼の神聖ローマ皇帝即位を「新秩序の開始である」と賛美し、劇作家レッシング▲は彼によって「今までより啓蒙された、今までより徳の高い時代がやって来る」と考えた。さらにヨーゼフ二世の戴冠式を実際に見た若き日のゲーテ▲も「優れた資質ゆえに世の人は彼に最大の希望をいだいていた」と期待感をあらわした。

ヨーゼフ二世は、新時代の啓蒙思想にもとづき、「君主は国家第一の官吏」を自認しつつ、人民の福祉と安寧を大義として王朝と国家のために滅私奉公する官僚の育成をはかり、中央集権国家の樹立をめざした。そこで彼は、君主制を堅持したまま、それを根底から支える特権的な貴族と教会、農奴制に鋭いメスをいれた。また彼は市民生活にも目を配り、社会に充満する不正をあばき、

▼啓蒙専制君主　啓蒙絶対君主ともいう。啓蒙思想(主義)によって後進的な自国の近代化に努めた皇帝や国王を指す。十八世紀後半の中・東欧、ロシア、北イタリアにあらわれた。富国強兵を実現するために絶対主義的な官僚制度の枠内で、「上からの近代化」を推し進めた。

▼レッシング(一七二九〜八一)　啓蒙主義時代のドイツの代表的な思想家・劇作家・評論家。主著は信仰の自由と良心を説いた詩劇『賢者ナターン』。近代ドイツ国民文学の基礎を築いた。

▼ゲーテ(一七四九〜一八三二)　ドイツ「疾風怒濤」時代の代表的詩人・作家。『若きヴェルテルの悩み』『ヴィルヘルム・マイスターの修業時代』『ファウスト』などを書き、古典主義文学を開花させた世界文学史上に輝く存在である。ヨーゼフ二世の戴冠式の様子は、『詩と真実』に記載されている。

それを司法・行政改革に反映させようとした。ただし彼の「正義」の貫徹は強力で細部にわたる監視装置を必要とした。警察国家▲が形成されたゆえんである。

マリア・テレジアに関しては、彼女の決断力と忍耐力、優雅さ、気配り、母性的包容力、暖かい家族的雰囲気に、あい変わらず王朝を敬慕する人々の強い支持もあって、その改革の漸進性・中庸性すらも時代に即応したものとして今日まで好意的に評価され続けてきた。それに対しヨーゼフ二世に関しては、彼の啓蒙主義的改革が、フランス革命を先取りし、十九世紀の自由主義・国民主義、はては人民主権に道を開いたと評価される一方、その改革も諸邦の伝統と実情を無視した強引で急進的、非現実的なもので、改革を支える階層的基盤を生み出すにはいたらず、むしろ国家主義的傾向を強めたと批判されてきた。

本書は、ハプスブルク家の母子君主が、啓蒙思想一色の新時代に、ヨーロッパ屈指の伝統と権威をもつ王朝と国家を守り、それを強化するために、どのように改革や外交を推進し、またそうした施策に母子の価値観の相違がどのように投影されたのかを解明するものである。その解明をとおして十八世紀における中・東欧の地域の複雑な様相とその時代状況を浮き彫りにしたい。

▼警察国家　元来「警察」は、国内行政全般を掌握し、公共の福祉、秩序安寧の保全を目的とする改革の実施監督機関であったが、やがて国民を過度に監視し、圧迫する機関へと変容した。

ヨーロッパの三大勢力

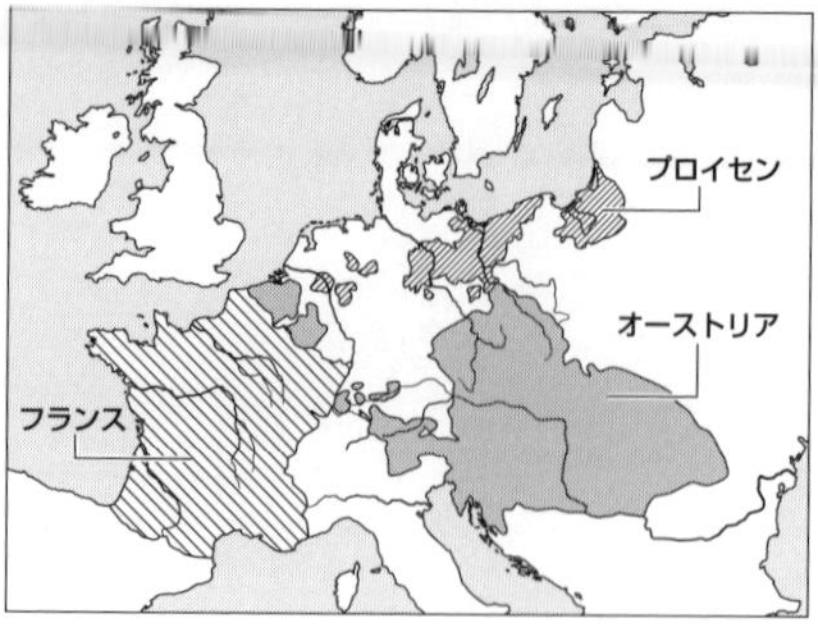

①―君主国継承者、マリア・テレジア

「国事詔書」の発布

マリア・テレジアは、神聖ローマ皇帝カール六世▲の長女として一七一七年五月にウィーンの王宮で生まれた。母は、北ドイツのブラウンシュヴァイク・ヴォルフェンビュッテル家出身のエリザベート・クリスティーネ▲である。

君主や宮廷にとって、家系の継続は最大の使命であるから子どもの誕生は欣喜の出来事のはずである。だがマリア・テレジアの誕生は、一大慶事とはみなされなかった。というのはカール六世夫妻にはその時点でまだハプスブルク家の後継者たる長男が授かっていなかったからである。じつは、夫妻は一七一六年に待望の長男レオポルトをえたが、その子は半年で死亡してしまったのである。男系がとだえればハプスブルク家が数百年にわたり保持してきた神聖ローマ帝国の帝位は喪失される。だがカール六世は不測の事態に備えてその三年前にすでに周到に手を打っていたのである。

一七〇〇年にスペイン系ハプスブルク家のカルロス二世▲には子がなく血統が

▼**カール六世**（在位一七一一～四〇） ハプスブルク家の神聖ローマ皇帝であり、マリア・テレジアの父。スペイン継承戦争では王位継承に失敗し、オスマン帝国（トルコ）との戦いでえた領土も、のちその多くを喪失した。

▼**エリザベート・クリスティーネ**（一六九一～一七五〇） 父親はブラウンシュヴァイク・ヴォルフェンビュッテル公ルードヴィヒ・ルドルフ。神聖ローマ皇帝カール六世の妃。一七〇八年に大公時代のカールとスペインのバルセロナで結婚し、夭折した一人息子レオポルトをはじめ、マリア・テレジア以下三人の女子を生んだ。

▼**カルロス二世**（在位一六六五～一七〇〇） スペイン・ハプスブルク家最後の王。生来病弱で統治能力に欠け、嗣子がなく、遺言でフランスの義兄ルイ十四世の孫を後継者に指名したために、ヨーロッパを混乱に陥れた。

絶えた。すると、その後継をめぐって翌一七〇一年にスペイン継承戦争▲が勃発する。この戦争で敗者の側に立ったハプスブルク家は十六世紀初頭以来統治していたスペインから永久に手を引き、従来からあるオーストリア・ハプスブルク家所有の諸邦（内オーストリア▲、チェコ▲諸邦、ハンガリーなど）の経営に専念するという歴史的転換をはたした。まだ継承戦争が決着をみない一一年に神聖ローマ皇帝ヨーゼフ一世▲が天然痘▲で急死した。そこで急遽帝位を継承したのが、八年間ウィーンを離れ、当時バルセロナの宮廷にあった彼の弟カール（後のカール六世）であった。次期スペイン王と目されていた彼はスペイン宮廷に深くなじんでいたから、新帝の居城ウィーンに移るさいに大量のスペイン風礼儀作法を持ち込んだ。このスペイン的宮廷儀礼や敬虔さを演出した宗教儀式は、その派手さ、華美さ、カトリック的な仰々しさゆえに、きたるべきヨーゼフ二世の改革では格好の攻撃対象になるものであった。

さて、皇帝として即位したカール六世の前には、時を移さず今度はオーストリア・ハプスブルク家の継承問題が立ちあらわれた。カール六世の皇帝即位当時、ウィーンの宮廷には男系の継承者がおらず、彼自身にも子がいなかった。

▼**スペイン継承戦争**（一七〇一〜一四年）　スペイン・ハプスブルク家断絶に伴う王位と領土の継承をめぐるフランス・スペイン対イギリス・オーストリア・オランダ間の戦争。スペイン王位はフランスのブルボン家が継ぐことになった。

▼**内オーストリア**　古くからのハプスブルク家の世襲領。今日のオーストリアにほぼかさなる。

▼**チェコ**　ボヘミア（英語）、ベーメン（独語）とも呼ばれる王国。隣国モラヴィア（辺境伯領）、シレジア（伯領）とともにチェコ諸邦を構成した。この諸邦の別名は「聖ヴァーツラフの王冠諸邦（チェコ王冠諸邦）」。

▼**ヨーゼフ一世**（在位一七〇五〜一一）　ハプスブルク家出身の神聖ローマ皇帝。ウィーン生まれであり、ハンガリー独立運動に対抗し、皇帝権の回復に努め、またスペイン継承戦争を優位に戦うが、急死した。

▼**天然痘**　痘瘡ウイルスの感染により起こり、高熱を発し、解熱後に主として顔面に発疹を生じ、のちに痘痕を残す。きわめて伝染性が強く、死亡率も高い急性疾患。

●ハプスブルク家系図

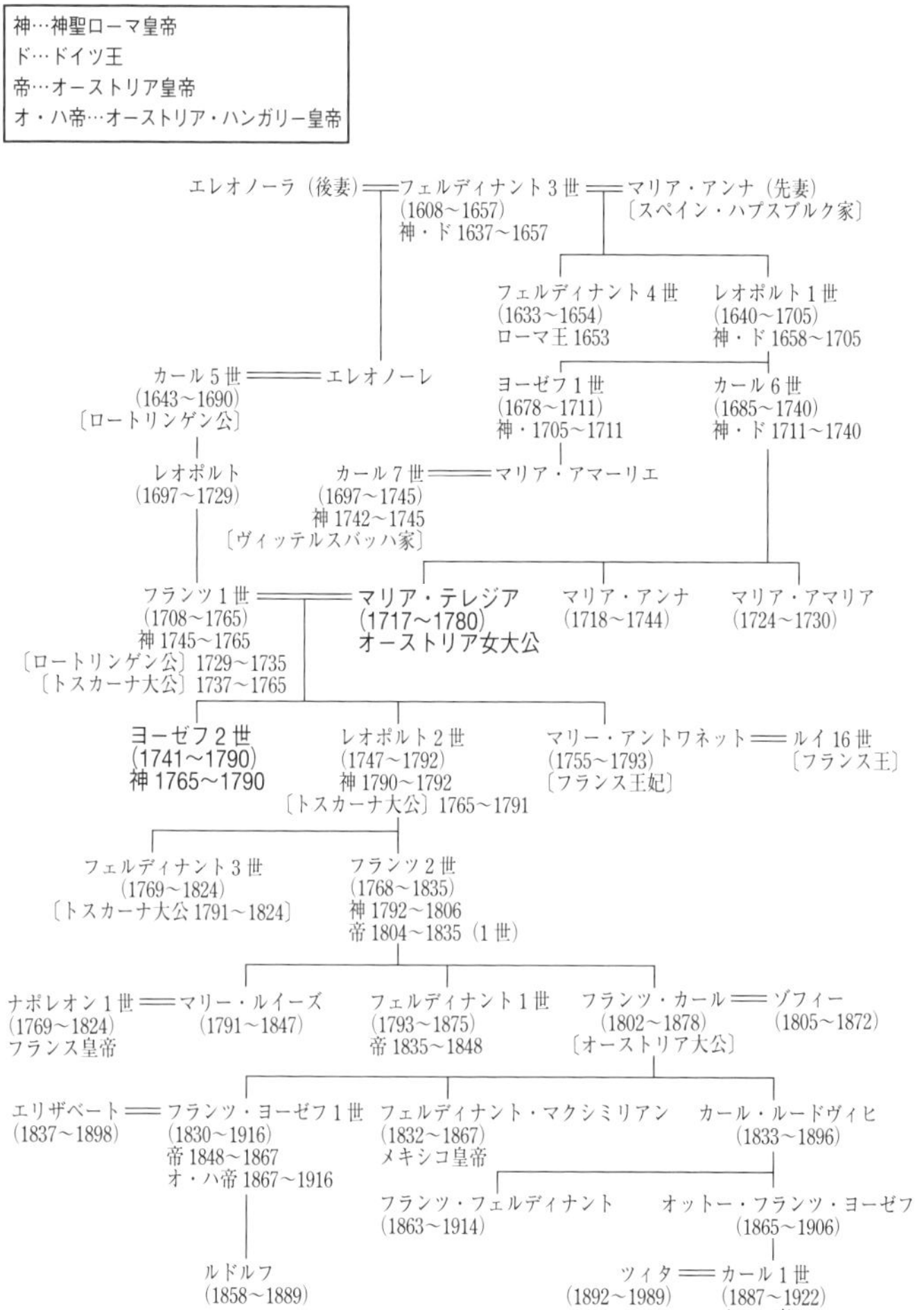
神…神聖ローマ皇帝
ド…ドイツ王
帝…オーストリア皇帝
オ・ハ帝…オーストリア・ハンガリー皇帝
エレオノーラ（後妻）
フェルディナント3世
(1608～1657)
神・ド 1637～1657
マリア・アンナ（先妻）
〔スペイン・ハプスブルク家〕
フェルディナント4世
(1633～1654)
ローマ王 1653
レオポルト1世
(1640～1705)
神・ド 1658～1705
カール5世
(1643～1690)
〔ロートリンゲン公〕
エレオノーレ
ヨーゼフ1世
(1678～1711)
神・1705～1711
カール6世
(1685～1740)
神・ド 1711～1740
レオポルト
(1697～1729)
カール7世
(1697～1745)
神 1742～1745
〔ヴィッテルスバッハ家〕
マリア・アマーリエ
フランツ1世
(1708～1765)
神 1745～1765
〔ロートリンゲン公〕1729～1735
〔トスカーナ大公〕1737～1765
マリア・テレジア
(1717～1780)
オーストリア女大公
マリア・アンナ
(1718～1744)
マリア・アマリア
(1724～1730)
ヨーゼフ2世
(1741～1790)
神 1765～1790
レオポルト2世
(1747～1792)
神 1790～1792
〔トスカーナ大公〕1765～1791
マリー・アントワネット
(1755～1793)
〔フランス王妃〕
ルイ16世
〔フランス王〕
フェルディナント3世
(1769～1824)
〔トスカーナ大公 1791～1824〕
フランツ2世
(1768～1835)
神 1792～1806
帝 1804～1835（1世）
ナポレオン1世
(1769～1824)
フランス皇帝
マリー・ルイーズ
(1791～1847)
フェルディナント1世
(1793～1875)
帝 1835～1848
フランツ・カール
(1802～1878)
〔オーストリア大公〕
ゾフィー
(1805～1872)
エリザベート
(1837～1898)
フランツ・ヨーゼフ1世
(1830～1916)
帝 1848～1867
オ・ハ帝 1867～1916
フェルディナント・マクシミリアン
(1832～1867)
メキシコ皇帝
カール・ルードヴィヒ
(1833～1896)
フランツ・フェルディナント
(1863～1914)
オットー・フランツ・ヨーゼフ
(1865～1906)
ルドルフ
(1858～1889)
ツィタ
(1892～1989)
カール1世
(1887～1922)
オ・ハ帝 1916～1918

そこで彼は、一七〇三年に父帝レオポルト一世▲と長兄ヨーゼフ一世との三人で定めた相続協定に加え、一三年四月に全世襲領の永久不可分と相続順位を法的に確定した「国事詔書《プラグマチカ・ザンクティオ》」を発布したのである。それによれば相続順位の第一位はカール六世の男系、第二位はその女系と定められた。ところが前述のように一六年に生まれた長男レオポルトは急逝した。カール六世は、まだなお長男の誕生に期待をいだきつつも、翌一七年に生まれたマリア・テレジア以下誕生した三人はすべて女児で妻も病気がちという現実に直面して、「国事詔書」の承認を家領内外からえる準備を始めたのである。

「国事詔書」の承認をめぐって

「国事詔書」の公布は、ハプスブルク家の権威と実力を示す試金石であった。オーストリア・ハプスブルク家の領土は、一七一八年のパッサロヴィッツ条約▲締結でオスマン帝国(トルコ)を東方深く押しもどし、歴史上最大の広さとなった。それは内オーストリア、チェコ諸邦、シレジア▲とオーストリア・ネーデルラント(ベルギー)、前オーストリア▲を含む神聖ローマ帝国内の諸邦と、それ以外の

▼レオポルト一世(在位一六五八〜一七〇五)　ハプスブルク家出身の神聖ローマ皇帝。一六八三年にウィーンを包囲したオスマン帝国(トルコ)軍を撃退。九九年のカルロヴィッツ条約でハンガリーを手中にし、オーストリアの大国としての地位を確立した。作曲家としての才能も発揮した。

▼パッサロヴィッツ条約　一七一八年にセルビア北部のパッサロヴィッツ(現ポジャレヴァッツ)で結ばれたトルコ・オーストリア間の条約。一七一四年からの戦争で勝利したオーストリアはハンガリーを完全に支配し、バルカン半島への進出を決定づけた。

▼シレジア　ポーランド南西部からチェコ北東部にあった領邦の英語読み。ドイツ語でシュレジエン、ポーランド語でシロンスク、チェコ語でスレスコと呼ばれる。一五二六年以来ハプスブルク家が統治しており、農業、鉱工業が盛んであった。

▼前オーストリア　エルザス(アルザス)、バーデン・ヴュルテンベルク南部、リヒテンシュタインなどにあったハプスブルク家諸領。

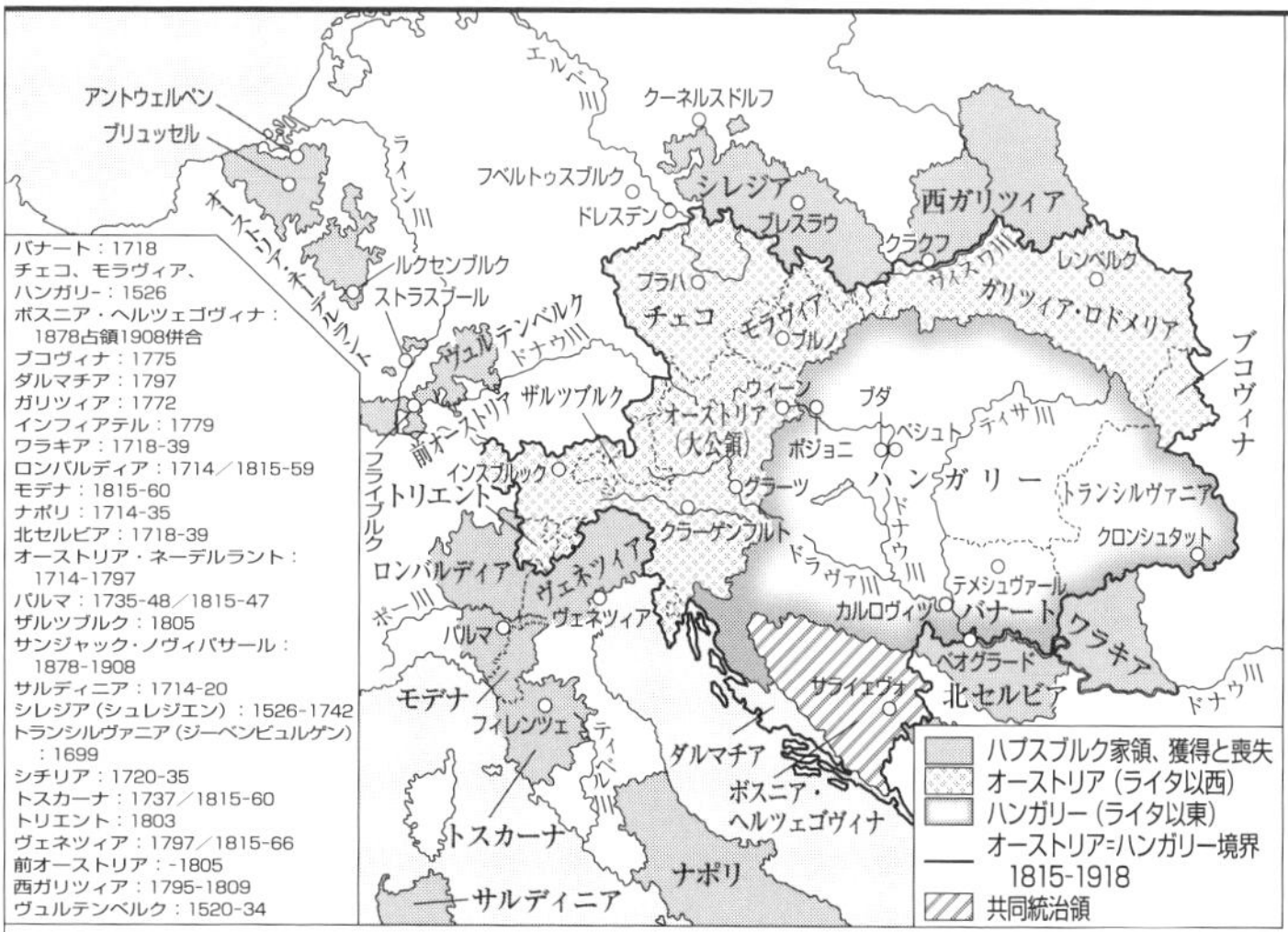

●―オーストリア・ハプスブルク家領の変遷

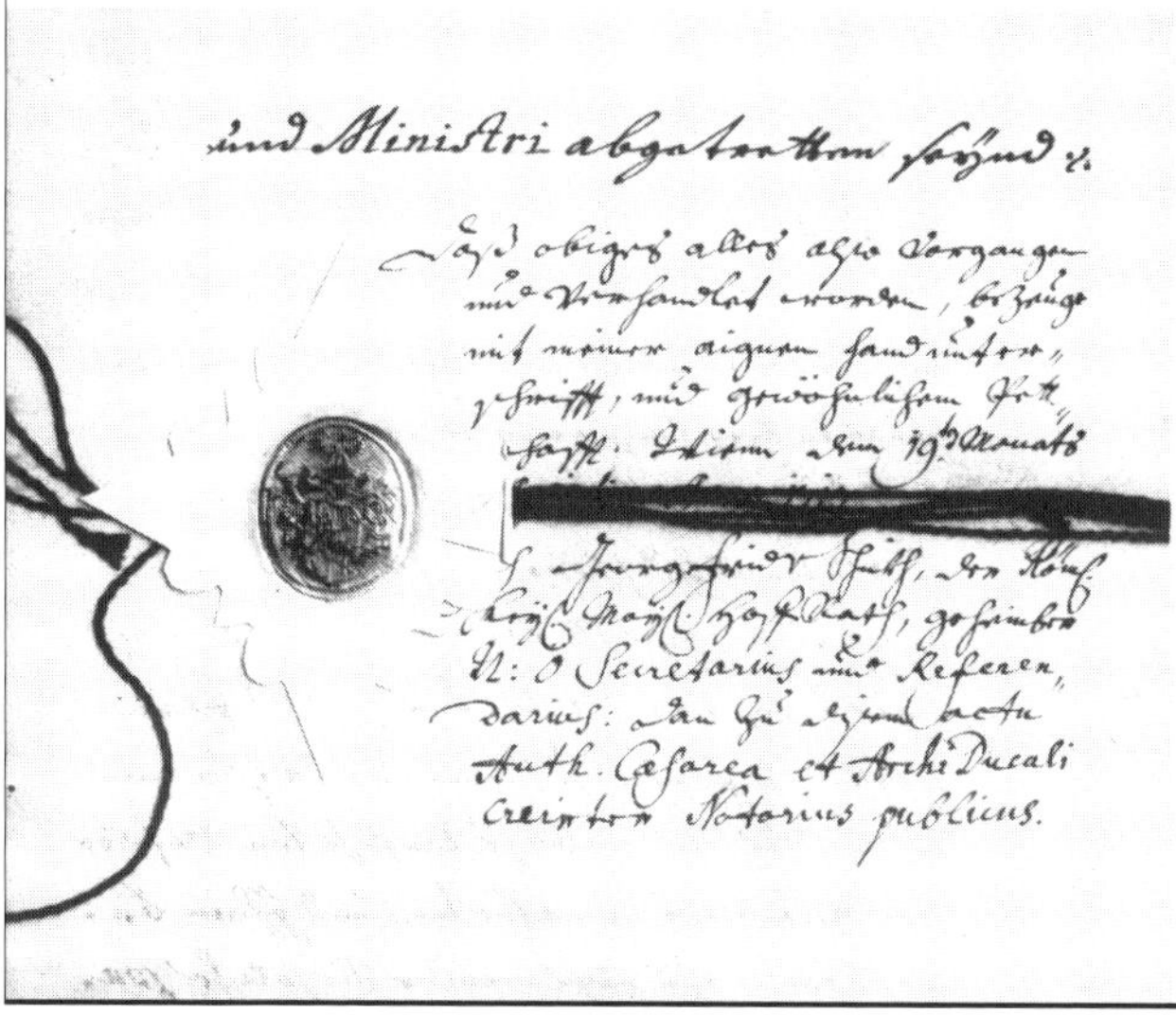

●―「国事詔書」（一七一三年）

▼○種類ほどの言語　ゲルマン系（ドイツ語）、フィン・ウゴル系（ハンガリー語）、ラテン系（イタリア語、ルーマニア語）、西スラヴ系（チェコ語、スロヴァキア語、ポーランド語）、南スラヴ系（セルビア語、クロアティア語、スロヴェニア語）などの言語からなる。

ハンガリー（クロアティアを含む）、北セルビア、イタリアのサルディニア、ロンバルディア、ナポリ、シチリアなどから構成された。そのため、それは地域分散的で、多くの非ドイツ的な地域を含む一〇種類ほどの言語▲・民族による複雑な構造をもつ不安定な国家となった。「国事詔書」の条文が全世襲領の永久不可分性を最重要に位置づけているのは、そのためであった。

さて、「国事詔書」は、オーストリア・ハプスブルク家領のうち、内オーストリア、チェコ諸邦では、従来から女系相続が認められており、クロアティアでも問題はなく、いずれも一七二〇〜二一年に各邦の身分制議会で承認された。だがハンガリーでは、二二〜二三年に議会の承認がえられたものの、その対応は他の諸邦とは明らかに異なっていた。それというのも元来ハンガリーでは女系が排除され、ハプスブルク家の男系が絶えた場合には、議会が国王選挙権を有すると規定されていたからである。そこで議会は継承権を認める条件として、自立性に富んだハンガリー国法の尊重、貴族の免税特権、農奴の自由処分権、議会の国王選挙権の確認をオーストリア政府に迫った。

オーストリア政府は、ハンガリーの分離的傾向を危惧したため、やむなくこれらの条件を承諾した。ハンガリーは、その広大な中心部を一五〇年以上オスマン帝国の支配に委ねるなかで独自の一体性を醸成し、かつ東方の防衛上重要な拠点であることを自認していたから、オーストリアに対して政治的にも強い姿勢にでることができたのである。

こうしてハンガリーに対するオーストリアの譲歩は、ハプスブルク家領の不統一性をはからずもあらわに示すことになった。それは、ある意味では一八六七年のオーストリアとハンガリーとの二重君主制▲に法的論拠を与えたといえる。だがハンガリー側にも問題が残った。ハンガリーはオーストリアに対して政治的・文化的自立性を維持できたが、逆に身分制議会で権力を握る「諸身分▲」の代表である保守的で特権的な貴族が温存され、時代に即応した経済・財政改革を怠り、全体として後進的な農業国にあまんじる結果になったからである。

一方、国外では、「国事詔書」の承認をえるためにオーストリアは多大な犠牲をはらわなければならなかった。八年間バルセロナに滞在し、海洋国家スペインに愛着をいだいていたカール六世は海外貿易に深い関心を寄せており、一七二三年にベルギーのオステンデに商社を創設するほどであったが▲、イギリ

▼二重君主制　「アウスグライヒ（妥協）」によって生まれたオーストリア帝国とハンガリー王国の連邦制（一八六七〜一九一八年）。通称、オーストリア・ハンガリー帝国。

▼諸身分　領邦の身分制議会を構成する特権的な高位聖職者、貴族、領主、自治都市の代表者からなる。

▼オストエンデ商会　資本金六〇〇万グルデンの特権商社。東西インド、中国、アフリカ沿岸との交易を目的とした。一七三一年のウィーン条約で廃止された。

スとオランダの承認をえる代償にそれを解散させ、インド貿易から撤退せざるをえなかった。またフランスとはポーランド継承戦争▲の講和条約をへて決着したが（ウィーン条約）、小国ながら戦略拠点として重要なロートリンゲン公国▲をフランスに譲渡し、代償としてトスカーナ大公国▲をえることで、その承認をようやくえることができた。

「国事詔書」はこうして厄介な家領内外の承認を受け、一七二四年には神聖ローマ帝国基本法として公布された。それによって四〇年のカール六世の死後、マリア・テレジアは全家領を一括相続し、国家統合の第一歩を踏み出すことになった。ところが諸外国による承認の保証は、ほとんど無意味であったことがただちに判明する。というのはドイツ諸侯のうちただ一人だけ当初からこの相続順位法の承認を拒んでいたバイエルン選帝侯カール・アルブレヒト▲があらためてこれに異議を唱え、フランスの支持をえて、相続権を主張したからである。さらにこの機に乗じてプロイセンのフリードリヒ二世が承認の代償にシレジア三公領を要求し、マリア・テレジアがそれを拒否すると、同年十二月にただちに自ら四万の大軍を率いて電撃的にシレジアに侵攻したのである。彼の侵攻理

▼**ポーランド継承戦争**（一七三三〜三五年）　ポーランド王位継承をめぐるオーストリア、ロシア対フランス間の戦争。オーストリア、ロシアがおすザクセンのアウグスト三世が即位した。フランスの支持するレシチニスキは、王位を断念するかわりにロートリンゲンとバールをえた。

▼**ロートリンゲン**（ロレーヌ）**公国**　フランスとドイツの間にあり、アルザスとともに国境線争いが絶えない産業豊かな小国。フランツ・シュテファンの出身地だが、一七三七年、彼は公位を放棄しフランスに譲渡した。

▼**トスカーナ大公国**　イタリアの領邦国家の一つ。首都はフィレンツェ。一七三七年のメディチ家断絶後、ハプスブルク・ロートリンゲン家が統治し、その初期に啓蒙主義改革が進んだ。

由は、開戦前の十月に大臣と将軍に明らかにしたように「西方への領土の拡大よりも、むしろ帝国内のハプスブルク家の所領に向かって進出するほうが天の摂理にかなっている」からであった。ザクセンとフランスもこれに乗じて即刻軍事介入したために、ここにオーストリア継承戦争が勃発した。こうしてマリア・テレジアは即位早々、国家の一大事に直面することになったのである。

マリア・テレジアの生い立ちと結婚

二三歳で中・東欧の広大なハプスブルク家領を受け継いだマリア・テレジアの生い立ちについては、どの伝記でも比較的あっさりと記述されている。名家の王女にありがちなエピソードもあまりない。名門ハプスブルク宗家では女性の王位継承がありえなかったことで（現に「始祖」ルドルフ一世▲以来、約四五〇年間女性の君主は一人も存在しなかった）、彼女は、注意深く、詳細に観察されてこなかったし、ましてや帝王学も授けられず、期待されず、「何事もなく、普通」の王女として養育されたからである。

マリア・テレジアは、ウィーンの宮廷で両親から愛情深く育てられ、幸福な

▼カール・アルブレヒト　バイエルン王（在位一七二六～四五）、神聖ローマ皇帝カール七世（在位一七四二～四五）。皇帝ヨーゼフ一世の次女マリア・アマーリエを妃にしたために、継承権を主張した。彼の娘マリア・ヨーゼファ（一七三九～六七）はヨーゼフ二世の二番目の妃である。

▼ルドルフ一世（在位一二七三～九一）　ハプスブルク家初代のドイツ王であり、神聖ローマ皇帝。一二七三年にドイツ王に選出され、大空位時代を終わらせた。七八年、チェコ王オタカル二世を敗死させ、オーストリアの諸邦を獲得し、オーストリア・ハプスブルク家隆盛の基礎を築いた。

少女時代を送ったが、それは偶然同じ年に王位を継承し、彼女の生涯の敵となるプロイセンのフリードリヒ二世の苦悩に満ちた少年時代とみごとな対照をなす。

　さて彼女の教育に関しては、厳格なイエズス会士によって幼年期から徹底的なカトリック教育がおこなわれ、生涯を支える深い信仰心がやしなわれた。また「神授たる」ハプスブルク家の伝統、権威、威信、祖先の栄光なども信仰と同じく重要なものとして教え込まれ、彼女の王女としての威厳、気位の高さをつくった。さらに王家の子女の素養に必要な語学教育では、フランス語のほか、イタリア語、スペイン語、ラテン語を学んだが、彼女の文法や綴りには間違いが多かった。また彼女はひどいウィーン訛のドイツ語を話したが、それはかえって民衆に親近感をいだかせるものになった。さらに宮廷の社交に必要な舞踏、ピアノ、声楽なども熱心に学んだ。総じて彼女は決められた日課をきちんとこなし、概して勤勉であったという。彼女の教育は一一歳からフックス伯爵夫人▲に委ねられたが、マリア・テレジアは彼女を生涯もっとも深く信頼し、感謝の念をいだき続け、母親のようにしたっていた。そのため異例にもフックス夫人

▼**シャルロッテ・フックス**（一六八一〜一七五四）　カール六世の妻エリザベートの教育官であり、マリア・テレジアの最高宮廷女官。彼女の館はのちに文豪ホーフマンスタールの住居になった。

はハプスブルク家の代々の墓所、ウィーンのカプツィーナー教会に埋葬されたのである。

マリア・テレジアが年頃になると、当然のごとく結婚話が数多くもちあがってきた。政略結婚は政治的な同盟締結に等しく、ヨーロッパの勢力地図を塗り替えかねない。そのため、各国の宮廷は互いに牽制し合い、慎重になる。そのなかで興味深いエピソードの一つはプロイセンのフリードリヒ二世も候補者の一人であったことだろう。

結局彼女の結婚相手は、九歳年上の従兄のロートリンゲン公フランツ・シュテファン▲となり、彼は一七二三年から教育のためにウィーンの宮廷に来ていた。マリア・テレジアの結婚に関しては、政略結婚が当たり前の当時、恋愛がめずらしく成就した側面が強調されがちだが、もちろん皇帝の了承が、当時のヨーロッパの国際状況を背景にした政治的な配慮▲のうえであったということは見のがしてはならない。

結婚相手のロートリンゲン公は、家領を継承したマリア・テレジアが真の統治者であったこと、義父のカール六世がオスマン帝国との戦争で、彼に軍功の

一五歳のマリア・テレジア

▼フランツ・シュテファン（在位一七四五〜六五）　神聖ローマ皇帝フランツ一世。ロートリンゲン（ロレーヌ）出身。マリア・テレジアとの結婚により、ロートリンゲンの継承権を放棄したが、呼称はハプスブルク・ロートリンゲン家として残った。一七三七年からトスカーナ大公となる。

▼政治的な配慮　一七三一年のウィーン条約で、国事詔書の承認の条件として、皇帝は後継子女を大国の王子と結婚させることが禁じられた。

▼重商主義（政策）　絶対王政期の国家の保護主義的な経済政策およびその経済理論。金や貴金属による富の蓄積をはかる重金主義から輸出超過をめざす貿易差額主義に移行しようとする理論。商工業保護・統制の性格をもち、自由競争を阻害した。

▲蒐集品を手にとるフランツ・シュテファン

機会を与えたが、期待にこたえられなかったなど、名目上の皇帝のイメージが強い。だが、近年では彼は重商主義政策▲を推し進めるのに尽力し、企業家としても大成功をおさめ、「女帝」を財政面から支えた点などで再評価されている。オーストリア継承戦争での負債はほぼ全額彼が投入した私財でまかなうことができ、また彼の莫大な遺産は全額ヨーゼフ二世にゆずられた。ヨーゼフ二世は、私物化せずにそれをそっくり国庫におさめたという。ヨーゼフ二世の面目躍如たるエピソードではある。

　フランツ・シュテファンはまた古銭学や自然科学とりわけ鉱物学に造詣が深く、彼の一大コレクションは、十九世紀にウィーンに建設された自然史博物館のなかで重要な位置を占めることになる。さらにシェーンブルン宮殿の造営、とりわけそのなかにあるヨーロッパ有数の動物園の建設など文化面での功績も大きかった。

オーストリア継承戦争

　さて、オーストリア継承戦争は一二六年後のプロイセン・オーストリア戦争

●――**シェーンブルン宮殿**　ウィーン郊外にあるバロック式宮殿で、一六九六〜一七一三年に君主の夏の離宮として建設されたが、マリア・テレジアの時代に居城として大規模に改築された。

●――**動物園**　一七五二年に宮廷の小動物園として皇帝フランツ・シュテファンにより設立されたヨーロッパ最古の動物園の一つで、七九年以降、市民に開放された。図は動物園内にあるフランツ・シュテファンが建てたパビリオン(上)と動物園の俯瞰図(下)。

（普墺戦争▲）で最終決着をみる両国のドイツをめぐる覇権争いの緒戦を意味した。

マリア・テレジアは、即位後まもなく国政の経験も皆無どころか、そもそも君主としての教育をなんら受けていないままで、いきなり軍事優先の新興国家プロイセンと戦うはめになった。この二三歳の女性家督相続者は、いまのオーストリアにはプロイセンと対等に戦うほどの財政力も軍事力もないことを十分わかっていた。彼女は「資金もなければ信用も軍隊もなく、私自身が経験と知識を欠き、おまけに誰一人助言してくれる者もなかった」と述べている。気丈な彼女が浮き足立つ側近たちに呼びかけた言葉は有名である。「どうしてそのような顔をしているのです。……さあ、もうこれ以上、あわれな女王を失望させたりしないで助言し支援してください」。

当時のオーストリアにおいては行政面では中央官庁の機能不全、地方官庁の未整備がめだち、経済面では租税収入は充分でなく、重商主義政策も成果をあげられなかった。そのうえ、軍事面ではオスマン帝国との戦争▲で勝利できず、新たに獲得したバルカン半島の領土はふたたび奪われ（ベオグラード和約▲）、東方におけるオーストリアの権威は明らかに失墜したのである。

▼**プロイセン・オーストリア戦争**（普墺戦争、一八六六年）　ドイツ連邦の主導権をめぐるプロイセンとオーストリアの戦争。開戦後わずか七週間で決着がつき、プラハで講和。ドイツ連邦は解体され、オーストリアを除く、プロイセン中心のドイツ統一の基礎ができた。

▼**オスマン帝国との戦争**（一七三七～三九年）　ポーランド継承戦争に関連するロシアとフランスの対立が加わり、フランスと結んだオスマン帝国とロシアとの間で戦争が勃発した。この機に乗じてオーストリアは、オスマン帝国に宣戦したが、敗北した。

▼**ベオグラード和約**　オーストリアとオスマン帝国との戦争（一七三七～三九年）後の講和条約。オーストリアは一七一八年のパッサロヴィッツ条約でオスマン帝国から奪取したベオグラードを含むセルビア北部をふたたびオスマン帝国に譲渡することとなった。

このように全体的にオーストリアの国力不足はいなめず、継承戦争の緒戦においてもプロイセンのシレジア侵攻に対してなす術がなかった。シレジアは領土も広く、人口稠密で(約一〇〇万人。プロイセン約二五〇万人)、鉱物資源に富み、オーストリアでもっとも亜麻工業が発達している最重要地域であったから、ここを失えば経済的な打撃ははかり知れない。したがってマリア・テレジアがシレジア奪還に対して心血をそそぐのは、しばしば巷談されるように自身の誇りを傷つけられたための復讐という感情的なものでもなかった。

一七四一年四月のモルヴィッツの戦い▲では、オーストリアが満を持して決戦をいどんだものの、訓練が行き届いたプロイセンの火砲の前にもろくも敗北を喫してしまう結果に終わった。オーストリア軍の実力のほどが暴露されると、その家領の分割をねらってフランス、バイエルン、ザクセンそれにスペインまでもがいっせいに軍事介入してきた。さらにそればかりか、北アメリカで植民地獲得争いを演じているフランスとイギリスがこの戦争に絡み、それぞれが同盟軍を組織したから、中欧の局地的戦争は瞬く間に国際紛争の様相を呈したのである。

▼モルヴィッツの戦い　オーストリア継承戦争の初戦。軍事力に劣るプロイセンが、たくみな戦術で辛勝し、その実力をヨーロッパ諸国に示した記念碑的な戦闘。図はモルヴィッツの教会の前にある記念碑。

そのさい特記すべきは、オーストリア継承戦争でもオーストリアを孤立させ、ヨーロッパ列国から排除しようとするフランスの確固たる伝統的な意志が背後に強く働いていたことである。フランスが早々にねった分割案によれば、最終的にオーストリアの支配権がおよぶのはハンガリーだけであり、フランツ・シュテファンの神聖ローマ皇帝即位も阻止されることになっていた。かわってバイエルン公のカール・アルブレヒトが神聖ローマ皇帝位と内オーストリア、チェコ諸邦の領有権をえるはずであった。実際に彼はフランス軍とともに一七四一年四月にチェコの首都プラハを占領し、翌年二月にはフランクフルト・アム・マインで皇帝に即位したからフランスの思いどおりに事が進んだといえる。その結果バイエルン公はカール七世アルブレヒトを名乗り、列国もそれを承認した。ここにおいて一四三八年以来約三〇〇年間続いたハプスブルク家による世襲的な帝位継承が否定されるという不測の事態が発生したのである。

戦争は、どちらも決定的な勝利をあげられなかったが、一七四二年六月にオーストリアは、イギリスの仲介でプロイセンとシレジアの首都ブレスラウ（ブロツワフ）で仮条約を結び、シレジアの大部分をプロイセンに割譲した。この条約後、オーストリアはプロイセンの戦線離脱を誘う作戦にでて、それを機に巻き返しをはかった。その結果、今度はオーストリア軍が防衛力の薄いバイエルンに侵攻し、全土を制圧したために、フランクフルト・アム・マインにいた新皇帝カール七世アルブレヒトは故国バイエルンに帰還できないまま、四五年に当地で病没した。

結局、オーストリア継承戦争は、一七四八年のアーヘンの和約で最終的に決着した。この和約でプロイセンのシレジア領有の再確認、パルマ、ピエンツァのスペインへの割譲、「国事詔書」の承認、ハプスブルク家のハンガリー王位継承の保証などが約束された。オーストリアにとっては産業の拠点シレジアの大部分を喪失したことは痛恨の極みではあった。それでも当時の国力からみて、中・東欧に広がる家領のほとんどが維持され、フランツ・シュテファンの皇帝即位も承認されたのは、むしろ幸いであったといえるかもしれない。一時は「マリア・テレジアにはハンガリーの女王という称号だけ残してやればよい」と息巻いていた列強の強弁を考慮すれば、なおさらである。

▼ポジョニ　当時のハンガリー王国の首都。ドイツ名はプレスブルク、現スロヴァキアの首都ブラチスラヴァ。

継承戦争に対する諸邦の反応

オーストリア継承戦争において、一七四一年のプロイセンとフランスとの軍事同盟締結やフランスの指導力による各国の軍事介入で、絶体絶命の窮地に立たされたマリア・テレジアが最後に望みを託したのがハンガリーの貴族であった。

オーストリア政府の首脳たちは、ハンガリー貴族が過去の経緯からみてこの機に乗じ、反オーストリア蜂起を企てると危惧していた。だが彼女はあえて逆の行動をとった。もはや伝説化していることだが、一七四一年九月十一日彼女はポジョニ▲で開会中のハンガリー議会に姿をあらわし、誇り高いハンガリー貴族に涙ながらに支援を訴えたのである。その結果、マリア・テレジアは六万の兵、軍税から四〇〇万グルデン、貴族の将官、糧秣、馬糧などを提供する約束を取りつけた。それにこたえて彼女もハンガリー国法の遵守、貴族の免税特権、行政的自治の保証を約束した。ハンガリーがオーストリアとの一体化を保証したことは、物質的支援以上に敵対諸国にとって衝撃であった。イギリスとオランダの援助を引き出せたのもそのおかげだった。こうして精神的な支柱をえた

プラハ城に向かうマリア・テレジアの行列

オーストリアは一時の苦境を脱することができたのである。

一方、チェコ諸邦の特権貴族はこの戦争をハプスブルク家による長年の支配から脱却する好機ととらえた。一七四一年十一月にフランス軍とともにプラハを占領したバイエルンのカール・アルブレヒトの目的は、チェコ諸邦を統轄する皇帝選挙権付きのチェコ王位をハプスブルク家から奪取することであった。オーストリアの重い軍税の徴収に反発を募らせていたチェコの貴族は、カール・アルブレヒトのチェコ王即位の適法性を進んで認めた。そのさい、約四〇〇の貴族が彼に忠誠を誓う行動をとったという。また占領軍は反オーストリアの武装蜂起を条件に、農民に自由を与える措置も講じた。だがチェコ身分制議会における共同決定権の拡大の承認を期待した貴族は、重要な特権の承認もえられないなど、失望もまた大きかった。

さて、前述のようにブレスラウの仮講和のあとにオーストリアは攻勢に転じ、プラハ奪回に兵力を集中させ、占領中のフランス軍守備隊を敗走させた。一七四三年一月に今度はマリア・テレジアがプラハの王宮内にある聖ヴィート教会でチェコ王として華麗な戴冠式をあげた。ただし、彼女はチェコ貴族の敵対行

▼「**聖ヴァーツラフの王冠**」　カール四世が、チェコで最初の聖人となったヴァーツラフ侯(九〇七?〜九二九／三五)の名を付してつくらせた王冠で、チェコ王権の象徴。

為に怒りがおさまらず、戴冠式に臨んだのは不承不承であった。由緒ある「聖ヴァーツラフの王冠」▲を「道化がかぶる帽子のよう」と蔑んだというエピソードがそれを物語っている。

　マリア・テレジアは、ただちにカール・アルブレヒトが施行した統治機構の排除と対敵協力者に関する特別委員会の設置を指示した。その調査委員会の調査結果にもとづいて、裁判所はおもだった対敵協力者に死刑や財産没収の判決をくだしたが、彼女は急遽刑の執行を中止させた。彼女は、「裏切り者のチェコ」に対して一見寛大な措置を講じてみせたが、それは彼女が強権を振りかざし、チェコの貴族の権力を削ぎ、彼らから政治的・物質的支援を取りつけるしたたかな戦術にほかならなかった。実際に彼女はチェコの貴族に強い精神的な圧力を加えたことによって、この地域における以後の諸改革を容易に進めることができたのである。

②—マリア・テレジアの統治時代

「国母像」の形成

マリア・テレジアは、即位後まもなく北方の新興国家プロイセンと干戈をまじえなければならず、結果的に敗北を喫したが、乳飲み子をかかえ、あるいは妊娠中にもプロイセンに敢然と向き合う姿勢が、伝説・神話となるには時間がかからなかった。なにしろ彼女自身がその演出家・主演であり、宮廷が情報発信基地であったのだから。

ハプスブルク家の女性君主にして、演出家の彼女はいう。「私は最後の日にいたるまで、誰よりも慈悲深い王女であり、かならず正義を守る国母でありたい」と。

ハプスブルク家の「国母」のもとで、広大で複雑な構造をもつ国土と臣民の統一性が保たれ、異教徒からキリスト教世界が守護される。その証はヨーロッパ第一の家柄と古さと伝統をもち、「神授の」皇帝位を代々継承しているハプスブルク家の権威と実力であり、それを支えるカトリシズム、人々の王朝敬慕・崇拝の念であった。

それまでも、とりわけ皇帝マクシミリアン一世▲やレオポルト一世に顕著なように、王朝の一体性や権威の可視化が、出版物、公開の銘文、貨幣、メダル、肖像画・彫像・教会の天井のフレスコ画などの芸術作品などによって進められ、補強されてきた。

いうまでもなく、マリア・テレジアも歴代のバロック・カトリック的な君主と同様に教会参拝、聖体・巡礼行列、礼拝、葬式、結婚式、戴冠式、大・公使の交代式などの祭祀、儀礼を壮麗、華美、荘厳に執りおこなう先頭に立って、王朝の威厳を内外に示すための「義務」を履行した。君主とその宮廷の華麗な姿は王侯貴族の前だけでなく、民衆の前に好んで晒されたのである。すなわち公式行事、祭祀や儀礼のたびに着飾った王子・王女たち、女官、衛兵、貴族、僧侶、華麗に装飾された馬車の列や、祝祭のときには数万本の蝋燭の眩い光で街路が照らされ、数千発の花火が打ち上げられる、そうした演出効果で幻想の世界がつくられ、それらを体験した民衆が王朝の賛美者に仕立てあげられ、「フェリックス・オーストリア（幸せなオーストリア）」の神話・伝説をつくり、

▼**マクシミリアン一世**（在位一四九三～一五一九）　ハプスブルク家出身の神聖ローマ皇帝。ブルグント公女との結婚により、ネーデルラントをスペイン、オーストリア、チェコ、ハンガリーに加え、広大なハプスブルク家領を形成した。一四九五年には永久平和令を制定し、帝国議会の改革をおこなった。豊かな教養をもち、文芸の保護者として敬愛され、「中世最後の騎士」といわれた。

▲**芝居の衣裳をつけたレオポルト一世**（ヤン・トーマス画）　華やかな宮廷オペラに皇帝自らが主演した。

●音楽家を保護するマクシミリアン一世

●凱旋車上のマクシミリアン一世と家族

●ヘラクレスとして描かれたレオポルト一世

●オスマン帝国との戦いに勝利するレオポルト一世

(1)「ポジョニの丘を駆け上がるマリア・テレジア」(作者不詳)

(2)「〈われらが女王〉に忠誠を誓うハンガリー貴族」(アクイリン・シャミト画)

流布させる担い手となった。

マリア・テレジアは、歴代君主による伝統的な創意工夫に富んだ自己顕示や臣民教育を明らかに踏襲しつつ、そこに女性君主、いな彼女自身ならではの演出をほどこしたのである。そのさい臣民の幸福・安寧を統治目標の第一に掲げている彼女には、君主とその宮廷がもはや「下からの」世論の動向を決して無視しえない啓蒙の新時代に生きている自覚があった。君主が民衆に近づく時代になったのである。

さて、彼女ならではの「創意工夫」とは、女性・家族・子ども・多産・夫婦愛とカトリック的な美徳である従順・謙譲・清廉を組み合わせ、それを可視化したものであった。そのようにして作り上げられた王朝の威光・崇拝・賛美、敬慕の表象として絵画芸術の影響力は甚大であった。そこでそうした宣伝効果抜群の絵画を若干紹介してみよう。

(1)一七四一年六月、ハンガリー女王位の戴冠式に臨んだマリア・テレジアは得意の乗馬姿であった。「聖イシュトヴァーンの王冠」(八三頁参照)をかぶり、頭上に剣を掲げ、ポジョニの王宮の丘を駆け上がる図は「勇猛な騎馬民族」

(3)「**家族図**」(マルティン・ファン・マイテンス画、子どもの数一一人)

(3)「**家族図**」(ヨハン・クリストフ・ヴィンクラー画、子どもの数一三人)

のハンガリー人に敬意をはらう演出であった。

(2)一七四一年九月にマリア・テレジアは乳飲み子ヨーゼフを抱いてハンガリー議会にあらわれ、感激した議員たちが「われらの血と命を！」といっせいに叫んだ、というもっとも有名な場面は、数種類の絵画になって、女王に対するハンガリー国民の「忠誠」の象徴とされた。

(3)マリア・テレジアと夫のフランツ・シュテファンと子供たちが描かれた「家族図」にも数種類があり(制作年により、子どもの数は九〜一三人とさまざまである)、ハプスブルク家の家族愛・多産・豊饒のイメージを決定的なものにした。

(4)幼いモーツァルトの御前音楽会や劇場で一列目に陣取る君主とその家族を描いた絵画は、マリア・テレジアとその家族の仲睦まじさ、寛大さ・親愛や慈愛に満ちた姿を民衆に植えつけるのに大きな効果があった。現にモーツァルトと君主一族の多くのエピソードが、二五〇年をへだてた今なお人々に語り継がれているほどである。

(5)飢えて泣きじゃくる乞食女の乳児に、そばを通りかかったマリア・テレジア

(4)「マリア・テレジアとモーツァルト」(エドゥアルト・エンデル画)

(5)「乞食女の赤ん坊に母乳を含ませるマリア・テレジア」(作者不詳)

が母乳を含ませる図は、彼女の慈母・母性、多産＝豊饒の「国母」のイメージを典型的にあらわすものとして民衆の間に広く流布した。

(6)喪服姿のマリア・テレジアが、病身の貧しい老婆を慰問する図は、いとやんごとなき「女帝」は、つねに人々とともにあり、人々の安寧と幸福に心をくだいているということを広く示す格好のモチーフである。

(7)絵画以外では、「カプツィーナー教会の霊廟の棺蓋の彫像」がある。それはバロック的な装飾でマリア・テレジアとフランツ・シュテファンが、見つめ合う姿で彫られており、「永遠の夫婦愛」をみごとに演出した場面である。

マリア・テレジアは、当時の女性の地位の向上をめざすには保守的すぎたが、十九世紀の「良妻賢母」的、市民的＝濃密な家族中心主義的価値観のなかで、さらには二十世紀の自立した働く女性のモデルとして、女性からの熱烈な支持をえることになる。

マリア・テレジアの子どもたち

マイテンスの描く「家族図」はハプスブルク家の多産＝豊饒のメッセージ化

(6)**「老婆を慰問するマリア・テレジア」**（フランソワ・ニコラス・マルティネ画）

(7)**「カプツィーナー教会の霊廟の棺蓋の彫像」**（バルトハウザー・フェルディナント・モール作）

の重要なモチーフになることを確信させた。だが慈母のごときイメージで語られるマリア・テレジアと子どもたちとの関係は、かならずしも円満というわけにはいかなかった。

　手紙魔とも称される彼女が、子どもたちに宛てた膨大な量の手紙からは、彼女の母親としての深い情愛が容易に読み取れるだろう。だが子どもを私生活の細部にいたるまで管理し、支配せずにはおかない「グレートマザー」的側面も同時に垣間みえてくる。なにしろ子どもは彼女にとって意のままにあつかえる「道具」なのだから。子どもは宗家の権威と威信を広め、領土を保全するための政治的な道具とみなされていた。そのことは「子どもの幸せよりも、国家の安寧のほうが大切です」という彼女の発言に端的にあらわされている。なによりも家族を大切にし、豊かな包容力をもつ彼女が、なぜ愛する子どもたちを道具視できたのか。彼女に批判的な研究者は、その点を問題視する。

　なるほどたしかに子どもの道具化の最たるものは、政略結婚である。だがそれは伝統的な王侯貴族社会では当時はごく当たり前なことで、彼女自身の「初恋の成就」が好んで語られるのは、それが極めて稀有の出来事だったからにほかならない。

さて、成長したマリア・テレジアの娘七人のうち、次女マリア・アンナと五女マリア・エリザベートの二人は修道院にはいり、生涯独身であった。彼女は、この二人に対してはことさら冷淡であったという。特徴的なのは、長男ヨーゼフ、三男レオポルト、四男フェルディナント、六女マリア・アマーリア、十女マリア・カロリーナの五人の結婚相手がいずれもイタリアのブルボン家系であったことである。嫁ぎ先がブルボン家としてはここに十一女のマリー・アントワネットを加えてもよい。都合六人の結婚相手の家系が同一という偏りのなかにブルボン家との結合を強化し、あるいはイタリアにおける失地回復をはかるマリア・テレジアの執拗な政治的な意図が明確に示されているだろう。

とはいえ、彼女は情報網を駆使して結婚相手を精査・吟味したうえで結婚相手を決定しており、ときには娘を不憫に思い「あの子は生け贄です」となげくほどの自覚はあった。そうした母親と君主との間の感情の揺れが典型的にあらわれている例が、六女マリア・アマーリアの結婚である。彼女には相思相愛のバイエルン公子がいたが、母はこの恋愛を認めず、一七六九年に娘をパルマの

マリア・テレジアとフランツ・シュテファンの子どもたち

順	続柄	名前	生没年	生涯
1	長女	マリア・エリザベート	1737～40	幼くして死亡。
2	次女	マリア・アンナ	1738～89	身体が弱かったため生涯独身。芸術や自然科学に造詣が深く、フリーメイソンの活動にも理解。母の死後、クラーゲンフルトの女子修道院の運営に尽力。
3	3女	マリア・カロリーナ	1739～41	幼くして死亡。
4	長男	ヨーゼフ	1741～90	皇帝ヨーゼフ2世。最初の妻パルマの公女イザベラ(1741～63)は、ルイ15世の孫で、彼女の弟は、6女マリア・アマーリアの夫となる。
5	4女	マリー・クリスティーネ	1742～98	母に溺愛され、ザクセン傍系のアルベルト公子と幸福な結婚生活を送る。
6	5女	マリア・エリザベート	1743～1808	少女期には美貌の誉れが高かったが、天然痘にかかり、縁談がまとまらず生涯独身。母の死後、修道院にはいる。
7	次男	カール・ヨーゼフ	1745～61	両親に溺愛されたが、夭折。
8	6女	マリア・アマーリア	1746～1804	母に初恋のバイエルン公子との仲をさかれ、精神的に幼稚なパルマ公子フェルナンドと結婚。
9	3男	レオポルト	1747～92	父のあとを継ぎ、トスカーナ大公に就任。啓蒙君主として、公国の発展に寄与。ヨーゼフ2世のあと、神聖ローマ皇帝(在位わずか2年)。16人の子持ち。
10	7女	マリア・カロリーナ	1748～同年	生まれて数時間で死亡。
11	8女	ヨハンナ・ガブリエレ	1750～62	少女時代に死亡。
12	9女	マリア・ヨーゼファ	1751～67	ナポリ王フェルディナントとの代理結婚式後に、天然痘にかかり、死亡。
13	10女	マリア・カロリーナ	1752～1814	姉のかわりにナポリ王と結婚。夫は粗暴、無教養であったが、政治力を発揮。娘を兄レオポルトの息子フランツ(のちに神聖ローマ皇帝)に嫁がせた。
14	4男	フェルディナント	1754～1806	モデナ公女と結婚。国王に。
15	11女	マリー・アントワネット(マリア・アントニア)	1755～93	フランス王ルイ16世の妃。フランス革命で処刑。4人の子をもうける。長女マリー・テレーズ(1778～1851)はアングレーム公妃に。
16	5男	マクシミリアン・フランツ	1756～1801	ケルン大司教(選帝侯)。ボン生まれのベートーヴェンをウィーンに推薦。

〔出典〕江村洋『マリア・テレジアとその時代』(一部変更して作成)

フェルナンド公のもとに嫁がせた。彼はヨーゼフ二世の最初の妻イザベラの実弟で、マリア・アマーリアより五歳年下で、精神に障害があり、粗暴でしかも信心深く、その無能ぶりは極めつきだったという。それを知ったうえで母は、夫に従順であれ、と説き続けた。だが娘の母への恨みは強く、娘は「政治に口を出してはならない」という母の訓令を無視して大臣や母が送り込んだ後見人を拒絶し自ら国政をあやつった。母は勝手し放題をする娘と絶縁した。兄ヨーゼフ二世から「アマゾネス」と揶揄されたアマーリアは夫の死後ナポレオンによってパルマから追放され、ウィーンにもどらず母を憎みながら一八〇四年にプラハで死んだ。

だが政略結婚の犠牲にならなかった娘の例もある。絵心のある四女のマリー・クリスティーネである。マリア・テレジアは、この娘を溺愛し、小国ザクセン・テシェンのアルベルト公▲と恋愛結婚するのを認め、一七六六年に彼をハンガリー総督に任じて、ウィーンに近いポジョニに住まわせ、贅沢な暮らしを許した。したがってこの娘への手紙には、ことさら情愛が込められていた。だが、母に溺愛された分だけヨーゼフ二世には疎まれ、母の没後、体よく夫はベ

▼**アルベルト公カジミール**（一七三八～一八二二）　ドレスデン生まれでザクセン選帝侯フリードリヒ・アウグスト二世（ポーランド王アウグスト三世）の子。マリア・テレジアの娘、マリー・クリスティーネと結婚し、ハンガリー総督（一七六五～八一）となる。一七八九年からはネーデルラント（ベルギー）の総督となる。美術品収集で有名で、ウィーンのアルベルティーナ美術館は彼の名に由来している。

ルギー総督に転任させられた。この夫妻はやがてベルギーで反オーストリア独立革命▲が起こると、ウィーンに逃げ帰ることになる。

マリア・テレジアの初期の国政改革

オーストリア継承戦争後、マリア・テレジアは、自国の軍事力不足を悟り、新たな防衛力の整備が急務であることを痛感した。それには諸邦の貴族に依存する従来の軍事体制を改め、諸邦の利害に左右されない強力な常備軍を創設すること、そのために中央集権化された行政機構のもとで恒常的な租税収入の道を確保することがなによりも重要であった。

研究史上、この時期の改革の特徴は、一般にプロイセン打倒を見据えたマリア・テレジア個人の強い決断力と現実主義に負うところが大きいとされる。だが、改革を遂行するうえでの彼女の最大の功績の一つは、有能な人材を側近に配置したということである。戦争で逼迫した財政の立て直しと、軍備の増強にはザクセン出身の開明的な官僚のハウクヴィッツ▲があたった。とくにこの時期の内政改革は後世「ハウクヴィッツの改革」と称されるほど、この官僚の手腕によ

▼反オーストリア独立革命　ベルギーの「ブラバント革命」(一七八九～九〇年、八九頁用語解説参照)を指す。

▼フリードリヒ・ヴィルヘルム・ハウクヴィッツ(一七〇二～六五)　ザクセン出身の啓蒙主義者。一七二五年にシレジアのブレスラウで行政官になる。三三年に伯爵となり、四九年に新設の管理庁長官に任命された。マリア・テレジアの側近で、国政・行政改革に大きな功績があった。

るところが大きい。一方全体の見通しと外交面では前フランス大使で、一七四二年に創設された内閣制度のもとで宰相に抜擢されたモラヴィア出身のカウニッツ▲があたることになった。

ハウクヴィッツは一七四八年はじめ、一〇万八〇〇〇人の常備軍設立をはかるために今後一〇年間、毎年一五〇〇万グルデンの軍事分担費を各邦の身分制議会に求める計画をマリア・テレジアに提出し、改革の口火を切った。当然貴族の強い抵抗があったが、彼らに租税査定権や裁判権を保証することで、その計画は実行に移された。これに成功すると彼は、行政機構の大胆な改編に着手した。シレジアでプロイセン流の合理的な租税行政を学んでいた彼は、すでにその経験をハプスブルク領内に残されたシレジア、内オーストリアのケルンテン、クラインなどの行政改革で活かしていたのである。

彼の改革の目的は、まず行政と財務の一体化をはかることであったために、一七四九年に従来のオーストリアとチェコの各政庁を一つに統合して管理庁▲を創設し、行財政上の中央官庁としての機能を一本化した。オーストリア史上この意味は大きかった。つまりチェコは独自の政庁を喪失することで、従来から

▼ヴェンツェル・アントン・フォン・カウニッツ侯爵（一七一一〜九四）　モラヴィア出身の政治家・外交家で宰相。啓蒙主義者でもあり、マリア・テレジア、ヨーゼフ二世のもとで内政、外交に手腕を発揮し、ハプスブルク諸領の近代国家化を推進した。第一次ポーランド分割に参加して領土を広げ、内政では宮廷の最高諮問機関である国務参議会を設立した。

▼管理庁　一七四九年にウィーンに設置されたオーストリア政府の最高監督官庁。これにより一般行政・財務行政の一体化がはかられた。

▼ツィスライタニエン　「ライタ川以西の世界」の意味。ライタ川はオーストリアとハンガリーの国境を画すドナウ川支流の小さな川である。ライタ川以東のハンガリー部分は「トランスライタニエン」と称する。

形式的にせよもっていた「王国」としての象徴をも決定的に喪失することになったからである。ここにハンガリーと明確に区別されるオーストリア＝「ツィスライタニエン▲(ライタ川以西)」の世界が成立したのである。

　さて、管理庁に従属する中間官庁として諸邦には王領地を含めて行財政を管轄する領邦政庁(一七六〇年からは領邦の枠をこえた地方行政庁「グーベルニウム」)がおかれ、さらにそのもとに地方行政の末端組織として郡庁(クライスアムト)が配置された。郡庁は地域住民を直接統轄する位置にあり、治安・徴税・軍隊の招集、貴族領主の直営地▲の監視などの権限を有し、中央政府の意志をハプスブルク家領の末端にまで貫徹させ、官僚制機能の重要な部分を担った。

　こうしてオーストリアでは歴史上はじめて各邦の枠をこえて中央と地方との官僚機構の一体化がはかられ、家領の統合化・中央集権化が進む態勢が整えられた。一七四六年にはウィーンに君主名を冠したテレジアヌム▲が開設され、国家に奉仕するエリート官僚の養成もおこなわれた。そこで行政組織の整備によって新しい官房経済学や国家・警察学をおさめた有給の官吏が生まれ、市民層にも地方官吏になる道が開かれた。諸邦の末端の行政機構から徐々に貴族勢力

▼貴族領主の直営地　農民住民は、領主貴族の直営地に居住する「直営地農民(ドミニカリスト)」と、保有地を経営し、課税義務を負う「保有地農民(ルスティカリスト)」に分類された。

▼テレジアヌム　一七四六年、マリア・テレジアがウィーンに創設したエリート官僚養成学校。啓蒙思想の影響を受けたドイツの第一級の経済学者ユスティも招聘された。現在もギムナジウムとして存続している。

を排除する素地がつくられるようになったのである。

だがこの時期の改革では、現実にはなお多くの特権をもち、領邦の隅々にまで支配権をおよぼしているエリート貴族体制が堅固に維持されたままであり、またハンガリーやベルギーはあくまでもこの行財政改革の対象外であったために、全体として現状を大きく変えるまでにはいたらなかったといえるだろう。

「外交革命」と七年戦争

優秀な官僚を駆使して進めた国内改革により国力の基盤が準備されるなか、マリア・テレジアは一七五三年にカウニッツを宰相に任命し、彼にプロイセンを打倒し、豊かなシレジアの奪回をめざす外交を委ねた。そこで彼はプロイセンを包囲するために大同盟の結成を画策する。彼はかつてフランス大使としてパリに在勤中にフランスとの同盟の可能性をひそかに探っていた。貴公子然とした彼が、ロココ調の華やかなパリの宮廷やルイ十五世の愛妾ポンパドゥール伯爵夫人▲のサロンで、もてはやされたことは数々のエピソードが伝えている。

カウニッツは、これまでの伝統的な敵対関係に変化の兆しがあることをつか

▼**ポンパドゥール伯爵夫人**（一七二一～六四）　フランス王ルイ十五世の愛妾。徴税役人の家に生まれたが、美貌と才知に恵まれて、パリの社交界に登場。一七四四年から宮廷に入り、内政・外交にも関与し、オーストリアとの同盟締結にも重要な役割を演じた。またヴォルテールやケネーなどの啓蒙思想家たちと親交をもち、サロンを開き学芸を保護した。

んだが、その時期のフランスにはオーストリアとの同盟に対する抵抗もまだ強かった。ところが一七五六年にプロイセンがイギリスとウェストミンスター協定▲を結んだことで事態は急展開した。ポーランドに領土的な野心をいだくプロイセンはこの協定によってロシアからの軍事的圧力に対する安全保障を、一方イギリスは王室の故郷ハノーファーの安全を確保しようとしたからである。

オーストリアは、逆にこのイギリスとプロイセンの協定成立を好機ととらえ、フランスと防御同盟を締結した。これは十六世紀以来続いてきた両国の敵対状態を解消させる画期的な出来事であったため、歴史上「外交革命」と称される。カウニッツの画策が大きな意味をもったこの外交方針の転換は、今日でもマリア・テレジアの対プロイセン政策の快挙と位置付けられている。

またオーストリアやイギリスと同盟関係にあったロシアは、プロイセン側に立ったイギリスに不信感を募らせ、さらにロシアの女帝エリザヴェータ▲のフリードリヒ二世に対する個人的嫌悪も手伝って、進んでプロイセン包囲網に加わった。もちろんロシアにはバルカン半島とバルト海沿岸に進出するためにもオーストリアとの友好関係が必要だったからである。また隣国ザクセンも、反プ

▼ウェストミンスター協定　イギリスとプロイセンが一七五六年に結んだ中立協定。イギリスはハノーファー（ハノーヴァー）の安全を、他方プロイセンは対ロシア防衛をはかる目的があった。フランスとオーストリアが急接近する契機となった。

▼エリザヴェータ・ペトローヴナ（在位一七四一～六二）　ロシアの女帝でピョートル一世の娘。近衛兵のクーデタで即位した。政治は寵臣たちに左右されたが、貴族と商人の利益を擁護し、進歩的な政策を推進した。対外政策も積極的でオーストリア継承戦争、七年戦争では反プロイセンの側に立った。

ロイセン包囲網に加わった。

こうして東西から側圧を受けたプロイセンは、一七五六年に機先を制してチェコ攻撃の前進拠点であるザクセンに侵入して、首都ドレスデンを占領し、七年戦争の火ぶたを切った。だがプロイセンが宣戦布告をせずにザクセンに侵攻したことはオーストリアに戦争介入の口実を与える契機になった。好機到来とばかりにオーストリアは同盟国フランス、ロシア、スウェーデン、さらには反プロイセンのドイツ諸邦とともにプロイセンを四方から攻撃した。兵力で劣るプロイセンは独力でよく奮戦したが、五九年以降は守勢に立たされ、同年八月のクーネルスドルフの戦い▲では壊滅的な敗北を喫した。追いつめられたフリードリヒ二世は自殺すら考えたという。さらに六一年にはプロイセンは、北アメリカでフランスと激しく戦っているイギリスからの軍資金も打ち切られ、いっそう窮地に立たされたのである。

ところが事態の急変がフリードリヒ二世に幸いした。一七六二年一月にフリードリヒ二世嫌いでとおるロシアの女帝エリザヴェータが死去し、逆に彼に心酔するピョートル三世▲が帝位についたからである。そこでロシアは前言を翻し

▼クーネルスドルフの戦い　一七五九年八月十二日に約五万のプロイセン軍が八万をこえるオーストリア・ロシア連合軍と戦い、敗北した。この戦闘で先頭に立ったフリードリヒ二世は落馬し、負傷した。

▼ピョートル三世（在位一七六二～六二）　ロシア皇帝。フリードリヒ二世に心酔し、即位後ただちに七年戦争を中止した。敗北濃厚なプロイセンを救ったために、ロシアの宮廷貴族の反感をまねいた。妻エカテリーナ二世と近衛連隊のクーデタによって帝位を奪われ、殺害された。

●──七年戦争とヨーロッパの国際関係

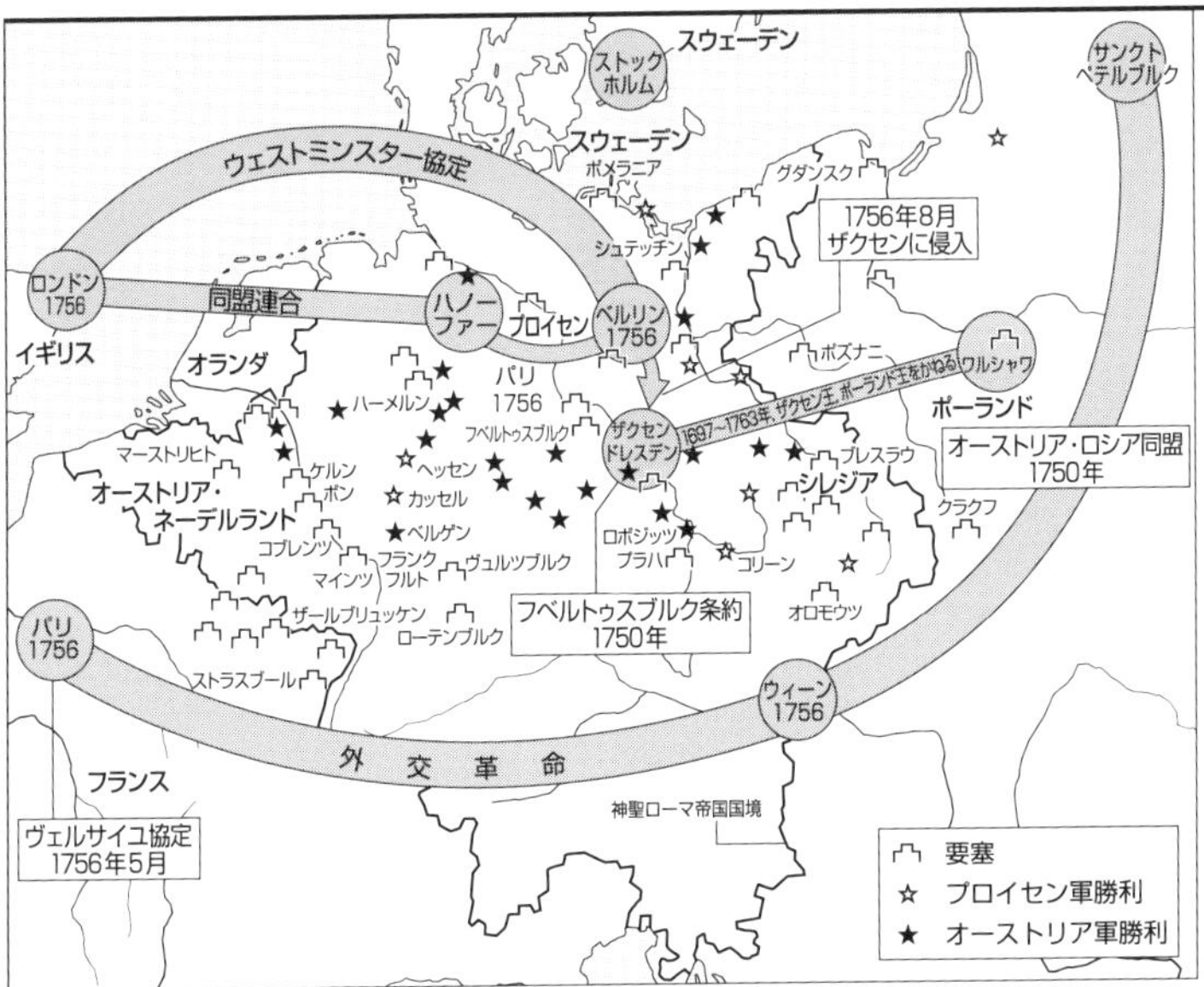

〔出典〕Wilhelm J.Wagner, *Der grosse Bildatlas zur Geschichte Österreichs,* Wien, 1995

▼ブルケルスドルフの要塞からの撤退　ロシアの援軍には本国から退却命令が出ていた。しかし、フリードリヒ二世が中立を条件に三日間の滞留を懇願し、ロシアの援軍をとどまらせることに成功した。オーストリア軍は、プロイセン軍の背後に強力なロシア軍がいると誤認し、要塞から撤退した。

てプロイセンと攻守同盟を結んだ(「ブランデンブルクの奇蹟」と呼ばれる)。一方、フランスは北アメリカにおけるイギリスとの植民地戦争に敗れ、パリ条約によりドイツでの戦いから手を引いた。またオーストリア軍司令官は、七月のシレジアにおけるブルケルスドルフ要塞からの撤退▲などにみられるように、決定的な状況で判断ミスをかさねた。逆にプロイセン軍の巻き返しは激しく、次々と失地を回復する勢いをみせた。孤立したオーストリアは、やむなく六三年にザクセンのフベルトゥスブルクでプロイセンと講和を結んだ。こうしてオーストリアのシレジア喪失が最終的に確定することになったのである。

この戦争は、新興軍事国家プロイセンが、北ヨーロッパで指導権を握り、もはやあなどれない勢力としてヨーロッパ列強の一員となり、それによって神聖ローマ帝国における発言権がましたことを示した。さらにポーランドやオスマン帝国に大きな関心を示すロシアが、オーストリアの外交の行方に深く関わる存在となったことも示した。一方、オーストリアの方は、戦争準備を怠らず、再訓練した大部隊を投入したものの、指揮官たちの無能ぶりはいかんともしがたく、プロイセンから最終的な勝利をえられず、結局みるべき成果をえられなかった。しいて成果をあげれば、ヨーゼフ二世の皇帝選出が承認されたこと、敗北をばねとしてさらにいっそうの国内改革の必要性に迫られたことである。

またオーストリアは、最終的に産業先進地域シレジアを喪失したことで、その代替地として従来から繊維工業の発達していたチェコ諸邦を選び、そこを重点拠点として重商主義的な経済振興をはかった。そのため、それ以降チェコ諸邦の工業は飛躍的に発達することになった。

③—母と子の「共同統治」時代

ヨーゼフ二世の生い立ちと結婚

一七四一年にオーストリア継承戦争の最中に生まれたヨーゼフ二世は、ハプスブルク家の跡継ぎとして、両親と宮廷によって細心の注意をはらって育てられた。その分甘やかされていたために、両親は七歳のときから傅育官《ふいくかん》にハンガリー名門貴族で歴戦の勇士バッチャーニ伯▲を任命し、厳しくしつけさせた。教科に関しては政治顧問の傅育官のバルテンシュタイン伯▲が準備し、歴史、法律、人文科学、自然科学を学ばせた。語学教育ではドイツ語はもとよりフランス語、ラテン語、イタリア語の習得に力をいれた。また音楽ではチェンバロ、ヴァイオリン、チェロの演奏を学び、のちにモーツァルトの音楽に一定の理解を示す素地はこの頃つくられたといわれている。

さらに哲学ではイエズス会士のフランツに、法学は、テレジアヌムの元教授ベックから学んだ。ベックは、ドイツの自然法学者でルター派のプーフェンドルフ▲の著作をもとに、ヴォルフ▲などの著作を加えながら自然法と啓蒙思想とい

▼カーロイ・ヨージェフ・バッチャーニ伯爵（一六九八〜一七七二）　ブルゲンランド生まれの陸軍元帥。

▼ヨハン・クリストフ・バルテンシュタイン伯爵（一六八九〜一七六七）　ストラスブール出身の政治家・外交家。一七一五年にプロテスタントからカトリックに改宗した。カール六世、マリア・テレジアに仕えた。ジャンセニスト（四九頁用語解説参照）でもあった。

▼ザムエル・プーフェンドルフ（一六三二〜九四）　ザクセン生まれの法学者・歴史家。ハイデルベルク大学自然法および国際法教授。国家主権が自然法の制約下にあることを説いた。主著『自然法と国際法』。

▼クリスティアン・ヴォルフ（一六七九〜一七五四）　ブレスラウ生まれの啓蒙主義期の哲学者・数学者であり、ハレ大学教授。一時無神論者として追放されたが、一七四〇年に復帰した。ライプニッツの哲学を発展させ、カントにも大きな影響を与えた。

った新しい国家論や政治論を教えたのである。この点で当時の新しい学問を息子に教えることを側近に許した両親の「近代性」にも注目すべきである。わがままで気難しいが、利発で、理解力も優れ、好奇心あふれる未来の統治者は、成長するとモンテスキュー▲、ヴォルテール▲やルソー▲などの啓蒙思想家やケネー▲などの重農主義的な経済学者たちの著作にも親しんだ。

　このように少年期・青年期の教育・読書をとおして、ヨーゼフ二世は、啓蒙思想、自然法や官房経済学に深く接し、国家と人民の福祉・安寧、個人の自由を思考する機会をえた。学問教育の結果として彼は「すべての人は生まれながらに平等である。われわれは両親から、生き物としての生命を受け継いでいるにすぎない。したがって、王、伯爵、市民、農民の間にはまったくなんの違いもありえない」と、フランス革命の人権宣言と見紛うような備忘録をマリア・テレジアに二四歳にしてわたすほどであった。

　彼の結婚は一九歳のときで、相手は一七歳のブルボン家系のパルマ公女イザベラで、フランス国王ルイ十五世の孫であった。結婚式のおこなわれた一七六〇年は戦争中であり、財政状況は芳しくなかった。しかしマリア・テレジアは

▼**モンテスキュー**（一六八九～一七五五）　フランスの啓蒙思想家。ボルドーの高等法院長を退職し、ヨーロッパ各地を旅行後、著述に専念した。絶対主義国家を鋭く批判し、三権分立論を説き、フランス革命に大きな影響を与えた。主著『法の精神』。

▼**ヴォルテール**（一六九四～一七七八）　フランスの啓蒙思想家・文学者。合理主義の立場から社会の迷蒙と宗教的非寛容とを攻撃した。封建遺制の廃止など開明的君主の主導による社会改革を提唱し、フリードリヒ二世の宮廷にもまねかれた。主著『寛容論』『哲学辞典』。

▼**ルソー**（一七一二～七八）　フランスの思想家。ジュネーヴ生まれ。啓蒙思想家と交流し、自由・平等を説いた。文明社会を批判し、彼の人民主権論、社会改造構想の提唱は、フランス革命に影響を与えた。主著『社会契約論』『エミール』。

▼**ケネー**（一六九四～一七七四）　フランスの経済学者、国王顧問医であり、ポンパドゥール夫人の侍医。重商主義に反対して、富の源泉を農業におく経済自由主義を説き、重農主義の祖といわれる。主著『経済表』。

パルマ公女イザベラ

▼レオポルト二世（在位一七九〇～九二）　神聖ローマ皇帝であり、マリア・テレジアの三男。啓蒙専制君主であり、トスカーナ大公時代に革新政治を実践した。兄ヨーゼフ二世の死で帝位につき、一七九一年にオスマン帝国と講和し、九二年に対フランス防御同盟をプロイセンと結び、ハプスブルク帝国の保全に努めた。

この結婚式に大規模な費用をかけ、盛大に祝った。式は十月六日にウィーンのアウグスティン教会でおこなわれた。どの報告書からも政略結婚ながらヨーゼフ二世が、心からイザベラを愛していたようすがみえる。ところが彼の幸福な生活は長続きしない。六二年三月に長女が誕生するが、彼女は七〇年に八歳で死亡した。翌年十一月に生まれた次女もすぐに亡くなり、同月二十七日には妻のイザベラが天然痘で亡くなったのである。六五年にヨーゼフ二世は、前述のバイエルン選帝侯カール・アルブレヒトの四女ヨーゼファと進まぬ再婚をするが、彼は彼女を避け、家庭内別居状態を貫いた。

伝記では、ヨーゼフ二世の最初の妻と二人の娘の早すぎる死、再婚した妻への冷淡な態度から、すでに二〇代後半で家庭的な温かさから背を向け、暗鬱・冷徹な彼の性格がつくられたと強調され、「家庭的な」母との対比が鮮明に描かれている。

マリア・テレジアの後期の国政改革と外交

一七六五年に名目上の皇帝フランツ・シュテファンが、三男のレオポルト▲の

ヨーゼフ二世(右)とレオポルト二世(左)

寡婦姿のマリア・テレジア

結婚式に出席したチロルのインスブルックにおいて卒中で急死する。彼のあとを継いで長男のヨーゼフ二世が神聖ローマ皇帝に選出されたが、あい変わらず政治の実権を握ったのは、摂政格のマリア・テレジアで、彼の担当は軍事・外交の分野に限定されていた。そこで歴史上六五年からマリア・テレジアの亡くなる八〇年までが母子の「共同統治の時代」と称される。

伝記ではマリア・テレジアは、最愛の夫が亡くなったあとは、終生黒の喪服でとおし、好きな賭事もせず、派手な行事への出席をひかえ、宮廷礼拝堂にこもる日が多いと静謐な生活振りが印象づけられているが、矢継ぎ早の改革がなされたのもじつはこの時期である。

さて、この時期の改革の特徴は、マリア・テレジアが行財政・軍事・司法の一体化をめざした初期の改革に加えて、農業・教会・教育・経済問題にも果敢に取り組み、有能な側近の力をえて啓蒙主義的色彩をおびてきたことである。国家の救済と人民の幸福を信条とする彼女の政治姿勢は、あくまで敬虔なカトリック信者である彼女のキリスト教的人倫主義に由来していることから、厳密には彼女を啓蒙君主とはいえないであろう。また、保守的で慎重な彼女自身

「啓蒙」という言葉を嫌ってもいた。

だが彼女は、この時期の改革を国内外出身の優秀な官僚との共同作業で進め、しかも彼らの多くは啓蒙主義の影響を強く受けた者たちであったから、それは当然政策に十分反映されることになった。宰相カウニッツ、官房経済学者ゾンネンフェルス、ユスティ、法学者マルティーニ、マリア・テレジアの侍医スヴィーテンなどがその代表であった。では、この時期にどのような国家再編がおこなわれたのだろうか。

まず行政改革の面では、中央行政官庁に大きな変動があった。一七六〇年には宰相カウニッツのもとで一般行政と財政の分離がおこなわれ、行政はチェコ・オーストリア統合行政庁に、財政は財務庁と会計院とに機能分離したのである。また司法や軍事・外交を含め、ウィーンの全中央官庁を統轄するために、君主の最高諮問機関として六一年に国務参議会が設立されている。

一方、経済改革では、中央に設けられた商務庁や国家経済会議の指導のもとで重商主義政策を推進するための改革・政策が実施された。そこで自由な商工業活動を妨げてきたツンフト（ギルド）規制の緩和、高率の保護関税制度の導入、

▼**ヨーゼフ・フォン・ゾンネンフェルス**（一七三二～一八一七）　ドイツの官房学者であり、ウィーン大学経済学および財政学教授。マリア・テレジア、ヨーゼフ二世、レオポルト二世の顧問となる。主著『警察・貿易・財政学の原理』。啓蒙主義者であり、フリーメイソンにも入会していた。

▼**ヨハン・ハインリッヒ・ゴットロプ・フォン・ユスティ**（一七一七～七一）　テレジアヌムに招聘されたザクセン生まれの官房学者で重商主義の信奉者であった。啓蒙絶対主義を鼓吹し、国家を時計に例え、君主はそれを動かす職工長とみなした。のちにフリードリヒ二世に仕えるが、公金横領の罪で罷免され、獄死した。

▼**カール・アントン・マルティーニ**（一七二六～一八〇〇）　北イタリア生まれの法学者であり、自然法的国家学者。一七五四年に大学教授となり、八四年に国務参議会議員となった。九二年には最高法院の副議長となる。西ガリツィア法典の起草者で、ヨーゼフ二世の国政改革に立法面で貢献した。

マニュファクチュアの育成、内国関税の撤廃や交通網の整備、さらに東インド会社▲の設立などによる貿易拡大の措置が講じられて、それは着実に成果をあげていった。

　また信仰篤い女性君主のもとでさえ、カトリック教会に対する国家の規制が始まったことも注目されるだろう。このことは、啓蒙主義に触発されたカトリック改革派やジャンセニスト▲の運動が活発化してきたことを意味しており、時代の流れが為政者にとっても無視できないところまで浸透していることを示している。

　まず、聖職者の免税特権が廃止され、反宗教改革を長期にわたり推進してきたイエズス会が一七七三年に解散された。イエズス会の土地・財産は没収され、学校教育事業などに利用されたが、その経済効果には無視できないものがあった。そのさい職を失った聖職者に、それまで身につけてきた学問・教養を教育現場で活かす道が開かれ、彼らが学校教育、知的文化の向上・拡大に貢献したこともまた見のがせない。

　ところでこの時期の改革は、国内統合を妨げている貴族や教会といった中間

▼ゲルハルト・ファン・スヴィーテン（一七〇〇〜七二）　オランダの医師。ウィーンの宮廷にまねかれ、マリア・テレジアの侍医兼図書館長で政治顧問となった。ウィーン大学医学部の改革に尽力した。

▼ツンフト（ギルド）　都市で独占的な営業をおこなってきた商人や手工業者の同業組合組織の形態。より自由な経済活動を妨げる要因となる。

▼東インド会社　オランダ出身のボルッが一七七五年に設立した特権商社。南東アフリカ、インドに要塞と在外支店を建設した。八〇年にトリエステにアジア商会として移り、八五年に廃止された。

▼ジャンセニスト（ヤンセニスト）　オランダのカトリック神学者ヤンセン（一五八五〜一六三八）の教説を信奉する人々。ヤンセンはアウグスティヌス的教会改革精神で教会の浄化をはかろうとし、教皇の独裁やイエズス会を批判した。啓蒙主義運動との一致点が多くみられる。

諸権力の特権を奪うことをめざし、農民解放、教会政策などに一定の成果をみたものの、まだ不十分であった。貴族体制はあい変わらず維持されたままであり、一方ハンガリー、ベルギーの行財政・農業・関税改革は実施されないなど、改革全体が現実主義的かつ妥協的であったといえる。この階級、地域の実情にそった政府の漸進的、妥協的な姿勢には急激な改革を好まないマリア・テレジアの強い意志が働いていた。それが、また急速で、大胆な改革を志向するヨーゼフ二世との対立・軋轢《あつれき》を生む原因の大きな要素であった。

なお対外関係ではオーストリアは、一七七二年にヨーゼフ二世とプロイセンのフリードリヒ二世とロシアのエカテリーナ二世▲とで、第一次ポーランド分割を敢行した（七八頁参照）。ポーランドからすれば三人の「盗賊」による略奪行為である。これによってオーストリアは約二五〇万の人口を有するガリツィアを併合したが、これはロシアのドナウ二公国（モルダヴィア、ワラキア）の占領と、ポーランド進出によって東欧の勢力均衡が崩れることを恐れたためで、東部国境域の安全確保を目的としていた。

マリア・テレジアは、当初このポーランド分割には「私は恥ずかしさで顔も

▼**エカテリーナ二世**（在位一七六二〜九六）　ロシアの女帝・啓蒙専制君主。ドイツのアンハルト・ツェルプスト公の娘。一七四五年、のちのピョートル三世（在位一七六一〜六二）に嫁ぎ、近衛連隊のクーデタにより即位した。オスマン帝国との戦争やポーランド分割などで領土を拡大した。

赤くなるほどです」と激しく抵抗したが、ヨーゼフ二世と信頼するカウニッツの説得に応じざるをえなかった。このことについてフリードリヒ二世は「彼女は泣きながらでも受け取る」と痛烈に彼女を皮肉った。

また、以前からカウニッツとともにバイエルン併合を画策していたヨーゼフ二世は、バイエルンの後継問題の解決を口実に軍事介入し、一七七七年にバイエルンに侵攻し、翌七八年バイエルン継承戦争▲を引きおこした（別名「ジャガイモ戦争」）。オーストリアのバイエルンに対する領土的野心は、東欧に広がる多民族国家オーストリアにとって国内の「ドイツ」的部分を増加する必要性から生まれたが、この戦争では部隊の士気も高まらず、消耗戦の様相を呈した。七月三日にプロイセンがオーストリアに宣戦布告をし、ロシアとフランスが反オーストリアに立ったためにヨーゼフ二世の併合計画は挫折した（テシェンの和約▲、七九年五月）。だが彼はオーストリアの中央集権化を進めるなかで、さらにより凝集性のある国家統合のためにベルギーとバイエルンとを交換する計画をもねっていた。もっともその計画もプロイセン主導で結成されたドイツ諸侯同盟の反対で失敗した。ここにおいてはからずも彼の外交手腕の乏しさが浮き彫り

▼バイエルン継承戦争（一七七七年）　バイエルン選帝侯マクシミリアン・ヨーゼフ（在位一七四五～七七）の後継をめぐるオーストリアとプロイセンの戦争。バイエルン獲得計画をもっていたヨーゼフ二世は、ただちに出兵し、領土の一部を占領したが、プロイセンがドイツの世論の支持を受けて出兵。さしたる戦闘もなく政治的交渉により決着をみた。

▼テシェン（チェシン）**の和約**　一七七九年に締結されたバイエルン継承戦争の講和条約。オーストリアは、イン地方を獲得し、プロイセンはアンスバッハとバイロイトの継承権をオーストリアに確認させた。

にされたのである。

マリア・テレジアの農民保護

さて、この時期の改革でもっとも重要なのは君主国の基幹産業である農業分野である。すでに十七世紀末からオーストリア政府は農民の担税能力を強化し、国庫収入の大幅な増加をはかるべく賦役▲軽減策をとり続けてきた。だが、「再版農奴制」が確立していたチェコ、ハンガリーではそのつど領主直営地の拡大、賦役の強化をはかる貴族の強い抵抗にはばまれ、法令は無力化されてきた。それがマリア・テレジアのもとで中央集権化をめざす行財政改革が進むなか、はじめて本格的な農業改革を着手する態勢に整えられたのである。

まずこの時期のハンガリーをみてみると、農村ではオーストリア継承戦争、七年戦争による農産物の価格高騰にともない、貴族は増産政策をとったために、ただでさえ軍税負担や軍の徴用で苦しむ農民は、さらに週三日以上の賦役に耐えなければならなかった。そこでとくにドナウ川の支流ティサ川上流の「騒《そう》擾《じょう》地帯」▲と呼ばれる地域では領主の過酷な収奪に対する農民一揆がたびたび

▼**賦役**　農奴の領主に対する労働地代。領主直営地の定期的な耕作が主であった。農奴は、生産物地代、貨幣地代などの貢納以上にこの負担を嫌った。

▼「**騒擾地帯**」　ティサ川上流域は、一六七七年にトカイ地方で起こった農民一揆をはじめ、十八世紀初頭の反ハプスブルク独立戦争など、しばしば農民運動・民族運動の中心になった。

発生した。事態を憂慮したマリア・テレジアは、諸改革の余勢を駆って一七六四年のハンガリー議会にはじめて強硬に農民問題の解決策を提案したのである。そのさい彼女は、貴族の免税特権の廃止と農民の賦役日数の上限を規制したが、そこでも当然のように頑強な拒否に遭った。さらに彼女は、今度は六五年にドナウ川以西で起こった農民一揆を利用して六七年一月に土地台帳令を発布し、農民保有地の面積、賦役の金納・物納化、賦役義務の整理など農民負担の法制化による一連の農民保護政策を打ち出した。だがやはり貴族は巧妙に法令を無力化し、かえって直営地を増やし、進展しつつある内オーストリア、チェコ諸邦の工業化で需要がました小麦を大規模に生産し、大きな利潤をあげたのである。

また一七七一年から頻繁に賦役規制令が出されたものの、その発令の多くは貴族領主の過酷な搾取とそれに対する農民の一揆の発生を契機としており、あくまで現実対処的であり、貴族との決定的対決を避ける妥協的な面が強かった。逆に政府が、政策を遂行するためにいかに貴族領主の圧制に対する農民の一揆を巧妙に利用していたかがわかる。

▼フランツ・アントン・フォン・ブラン(一七三四〜一八〇六)　ドイツのフライブルク出身で、オーストリアの啓蒙主義的官吏。マリア・テレジア、カウニッツに見出され、一七七三年にはウィーンの宮廷顧問官になった。自然法学者ヴォルフの弟子で、農民の生存権を国家や領主への義務に優先させると唱え、賦役軽減に尽力し、ヨーゼフ二世の改革を支えた。

例えば、一七七五年八月のチェコに出された賦役規制令は、地方行政庁の有能なブラン▲の立案によるものだが、農民保有地の規模に応じて賦役日数を一一等級に分け、上限を週三日の牛馬使用の連蓄賦役とし、例えば最下層の「土地なし農民」には年一三日の手作業による賦役を課し、さらに賦役を貨幣地代あるいは現物地代に換えうるという画期的な内容であった。それはのちにヨーゼフ二世を農奴解放にまで踏みきらせる契機になった重要な勅令だが、公布されるまでには、飢饉による多くの農民の犠牲と、一七七五年はじめにチェコで発生したような大規模な農民一揆がなければならなかった。

一七七〇年にチェコでは天候不順による前々年からの凶作で、穀物生産の不足と物価高にみまわれたうえ、七一年には飢饉が発生したために、村を捨てた大量の農民が浮浪民となって都市に流れ込む事態となった。栄養不足で弱っている農民をさらにペストが襲い、少なくとも一六万人の死者を出した。折しも、同年秋にヨーゼフ二世自らチェコの農村の惨状を視察してまわり、賦役軽減の機会をうかがい、新たに設置された土地調査委員会の報告を基礎に七三年九月に上限を週三日の連畜賦役とする賦役規制令を出した。だが、これには貴族がいっせいに反発したために、翌年四月の勅令では一歩後退する内容となった。というのもこの勅令は、農民と領主との間の自由な契約を承認し、かつ賦役も最長六か月を上限とするなどと規定していたからである。一方、農民は政府の賦役廃止の勅令が近々出されるとの噂に期待を寄せ、その実行を迫って七五年はじめに一揆を起こした。一揆はチェコ北東部のナーホト付近に端を発し、またたくまにチェコ全土に広がった。彼らは領主の館を襲い、放火し、財産を奪い、さらに賦役の廃止の訴えに呼応した各地の農民を巻き込んで移動した。プラハに迫った一揆農民の数は、一万五〇〇〇人にのぼったという。一揆側は一時農民政庁までつくるほどの勢いであったが、結局同年四月に政府の投入した四万の軍隊によって鎮圧されてしまった。

政府は、こうしてチェコの飢饉と一揆を政治的に利用して、一七七五年八月にようやく賦役規制令を出すにいたったのである。ただし、この新しく出された法令にもかかわらず、貴族領主はそれに対抗して貨幣・現物地代を高騰させ、森林・放牧地などの用益権を農民から奪うなど実質的に農民の賦役軽減策を骨抜きにしたため、効果はいっこうにあがらなかったのが実状であった。

このようにマリア・テレジア治下の農民保護政策は、貴族との対抗と妥協関係で揺れて、かならずしも十分な成果をあげるにいたらなかった。しかし、こうした経験を踏まえて、ヨーゼフ二世は、いっそう大胆な農民解放政策を試みることになる。

旅する「民衆皇帝」ヨーゼフ二世

ヨーゼフ二世の啓蒙主義的改革と外交を語るさいに重要なのは、彼が当時のヨーロッパの君主のなかでも群を抜いて国内外を旅行している点である。ある研究家によれば、それは生涯の三分の一にもおよんでいた。「ヨーゼフ二世の旅行図」によると、皇帝即位からマリア・テレジアが亡くなり、単独統治時代の開始までの一五年間におこなった彼の国外旅行は五回、国内旅行二一回である。▲国内は隈なくまわり、国外でもっとも遠方の地は、東は黒海のクリミア半島、北はサンクト・ペテルブルク、西はフランスのブレストやボルドーであった。

彼は、君主相応の「大名旅行」よりも「ファルケンシュタイン伯爵」という

▼**ヨーゼフ二世の国内旅行**　生後まもない一七四一年から八七年まで、公式記録上の国内外旅行は総計四七回である。

偽名を使って、中級程度の官僚（一人か二人の御付、従僕、料理人、秘書）風な旅行を好んだ。日頃から派手さ・大袈裟さを嫌う彼は「宿泊する場所での照明や楽器演奏そのほかの祝賀行事、そして宿泊施設での歓迎の宴などがいっさい催されることのないよう」と、自分の訪問先の貴族に密かに手紙で伝えている。あるとき、彼を招待したエカテリーナ二世もこの変わり者の皇帝の「貧乏旅行趣味」の申し出にこたえるべく、急遽「粗末な旅籠」を用意しなければならなかったほどである。もっともその場合でも、じつは旅行先には政府からあらかじめ回状が送られ、身元は判明されていた。

彼は戦跡見学を好んだようだが、政治的・軍事的に重要な目的の旅行ではプロイセンやオスマン帝国との東部国境域からウクライナ、ロシアにも向かっている。たしかに絶対王政下では君主個人の意志・裁量権が強く発揮されるから、君主同士の頂上会談は極めて大きな外交的意味をもつ。だがそれと同時に国内旅行では各地の見聞や実地調査をおこなったために、それが彼の社会改革に活かされるという利点を生み、地域住民の意見に耳をかたむけるヨーゼフ二世の姿勢は民衆の共感を呼んだ。そこで彼には「郵便馬車▲の皇帝」という綽名がつ

▼十八世紀の郵便馬車　ハプスブルク君主国における郵便馬車の起源は、イタリア出身のトゥルン・タクシス家による十五世紀末の郵便配達業の独占化に求めることができる。歴代ハプスブルク出身の皇帝の庇護のもとでタクシス家は飛躍的に事業を拡大し、幹線道路に宿駅を設け、交換用の馬を配備し、神聖ローマ帝国内外に通信網を張り巡らせた。十七世紀末以降郵便物だけでなく人も乗せるようになったために、旅客の交通手段としてもおおいに利用されることになった。一台につき四〜六人乗りが一般的で、一日の走行距離は、四〇〜七〇キロメートルであった。また、重要な手紙、書類などを運ぶ高速の郵便配達業務である騎乗郵便も存在した。今日の「速達」にあたり、たとえば、十八世紀後半のウィーン〜パリ間はオーストリア領ネーデルラント（ベルギー）のブリュッセル経由で一〇日ほどで配達されたという。

けられた。彼が視察したあとからは郵便馬車いっぱいのおびただしい陳情書が届くという噂が流れたからである。

ところで彼の頻繁な旅行は、母マリア・テレジアとの軋轢の解消でもあったという見方も根強くある。その証拠に彼女自身一七六九年にこう嘆息している。「皇帝に期待を寄せることはできません。どこにも喜んで出かけますが、家にだけはいたがらないからです」と。

この母子の間には、性格の違い(母は母性的・情緒的、忍耐強い、子は父性的・合理的、短気、飽きっぽい)、世代の違い、思考的・思想的違い(母は極めて敬虔なカトリック信者で保守的・漸進的、子は啓蒙思想に傾斜し、急進的・革新的)、また外交姿勢の違い(母は協調的・妥協的で領土保全的、子は強圧的で領土拡張的)、さらに生活スタイルの違い(母は華美な王朝好み、子は質素、倹約、派手嫌い)などがときとして政治・外交政策の決定的瞬間に絡んできて、二人を断絶寸前にまで追い込むことさえあった。外交・戦争で例をあげれば、それはポーランド第一次分割、バイエルン継承戦争、オスマン帝国の領土をめぐるロシアとの関係構築などの問題が発生したときであったといえよう。

▼コンクラーヴェ　ローマ教会で枢機卿がおこなう教皇選挙秘密会議。「鍵のかかった」の意味。

耕作するヨーゼフ二世

実際に彼の国外旅行で歴史上とくに重要な旅行がある。どのようなものがあるか若干あげておこう。

(1)一七六九年のヨーゼフ二世は多忙であった。イタリア旅行で、弟のトスカナ大公レオポルトと三月十五日にローマで会い、十七日には教皇選出に影響を与えようと、コンクラーヴェ▲に乗り込んだ。また八月二十五〜二十八日までフリードリヒ二世とシレジアのナイセ要塞ではじめて会談した。また会合地のシレジアに向かう途中の八月十九日にモラヴィアのスラヴィーコヴィツェ（スラヴィコヴィッツ）村で彼の馬車が故障し、滞在をよぎなくされ、居合わせた農民アンドレアス・トゥルンカの鋤《すき》で畝を引いたという。実際には一畝だけの耕作であった。だが、このときのエピソードが、彼の「農民王」の決定的なイメージをつくるのに貢献した。この光景を描いた銅版画は、少なくとも四種類流布しており、またそのとき彼が使用した鋤は、現在チェコのモラヴィア州のブルノ（ブリュン）の民族博物館にある。こうして彼の「農民王」のイメージは再生産され続けているのである。

(2)フリードリヒ二世との会談は、翌一七七〇年の九月一日にヨーゼフ二世が、モラヴィアにおけるオーストリア軍の演習を視察したさいに実現した。すなわち九月三日にフリードリヒ二世が、メーリシュ・ノイシュタット(ウニチョフ)の陣営にヨーゼフ二世を答礼訪問したからである。この会談には前回の会談とは違い宰相カウニッツも加わり、政治色の強いものになり、主としてロシアやポーランド問題が話し合われた。

(3)一七七七年四月一日～八月一日には長期のフランス旅行がおこなわれる。ヨーゼフ二世は、四月十八日～五月三十日の一カ月以上パリに滞在した。このときはマリア・テレジアの指示で結婚五年目でなお懐妊しない妹マリー・アントワネット夫妻に「寝室の作法」を忠告することとフランスとの同盟の再確認が主目的であった。だが同時に精力的に啓蒙思想家、経済学者、教育者の訪問や、社会・福祉施設の視察などをおこない、彼の経済・社会改革の大きな示唆をえた。ことに失脚した重農主義者テュルゴー▲や聾唖《ろうあ》教育者ド・レペ▲師との会談は貴重で、例えばレペに共鳴した彼は七九年にウィーンに聾唖学校を設立している。

(4)一七八〇年四月二十日にヨーゼフ二世は、ロシアに旅立つ。六月四日にエカ

■テュルゴー(一七二七～八一)
フランスの政治家・重農主義経済学者。経済的自由放任論者であり、ヴォルテールや百科全書派と親交があった。ルイ十六世の財務総監として国家財政の再建をはかり、自由主義的改革を実施したが、特権貴族の反対にあって一七七六年に失脚した。

■ド・レペ師(一七一二～八九)
フランス生まれの啓蒙主義的教育者。一七六〇年頃、パリに世界初の聾唖学校を設立。主著『手話法による聾唖教育』。

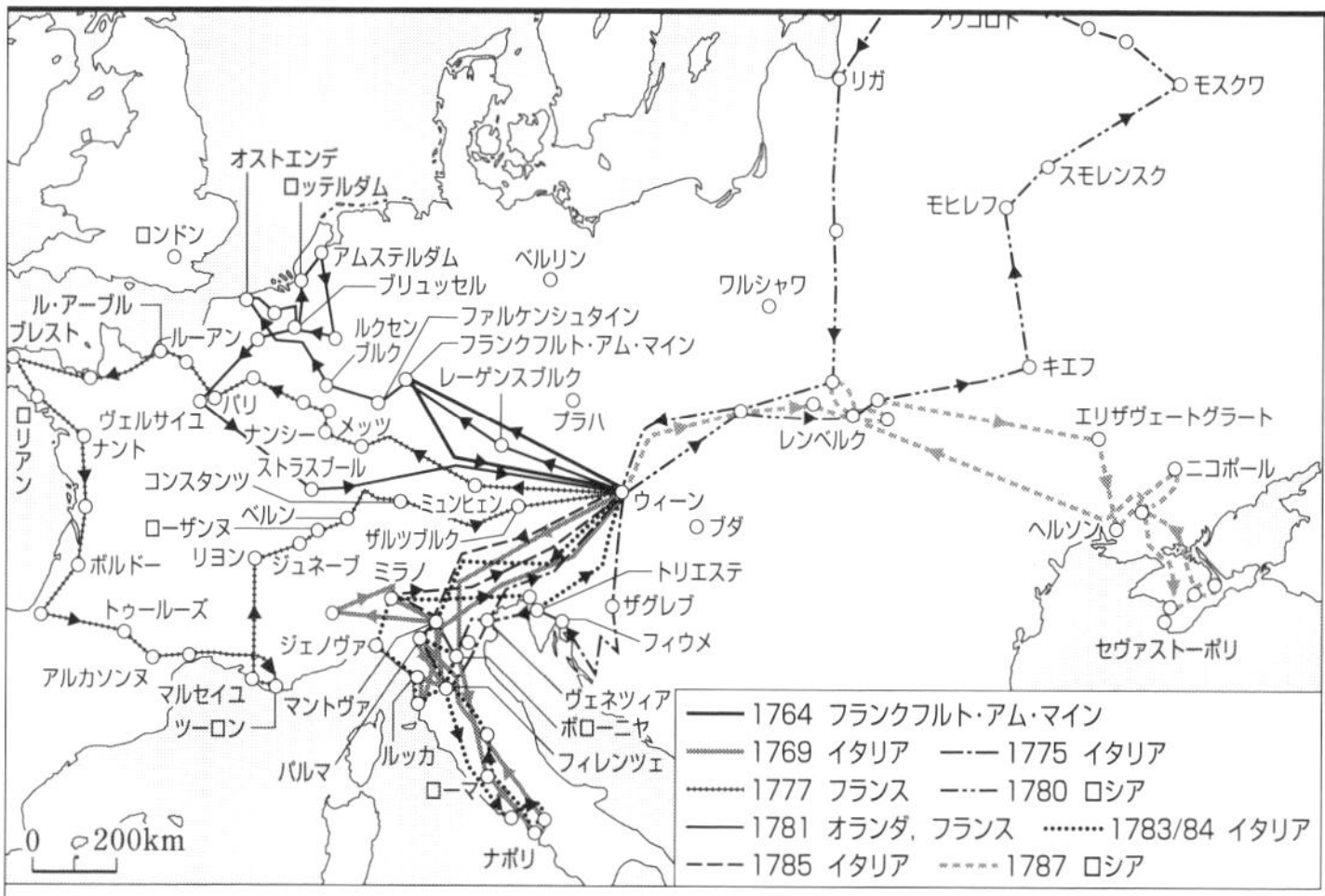

●—ヨーゼフ二世の国外視察旅行

〔出典〕Wilhelm J.Wagner, *Der grosse Bildatlas zur Geschichte Österreichs,* Wien, 1995

●—エカテリーナ二世に会うヨーゼフ二世

テリーナ二世とドニエプル川河口のモヒレフで会うためである。彼には、先年のバイエルン継承戦争で反オーストリア支持にまわったロシアとの関係を修復したい意図があった。この訪問の予定を知ったマリア・テレジアは怒りに体を震わせたという。

(5)一七八七年四月十一日、ヨーゼフ二世は、エカテリーナ二世から招待を受け、ロシアが新たに獲得したクリミアで彼女に会うために、黒海沿岸のヘルソン(ケルソン)に向けウィーンを出発した。五月十四日にヘルソンに着き、エカテリーナ二世とオスマン帝国とプロイセンに対する両国の共同歩調について会談した。ところが彼はベルギーで納税拒否に端を発する反乱が各地で起こったとの報告を受け、六月三十日に急遽ウィーンにもどった。

こうして度重なる彼の国内外の旅行は、各国君主の思惑や国情、地域住民の生活振りを直接知り、改革にヒントを与える生きた教材になった。

「マリア・テレジアの死」

④―ヨーゼフ二世の単独統治時代

啓蒙主義的改革

マリア・テレジアは、久しぶりに集まった家族と一七八〇年十一月八日にウィーン郊外に雉狩りに出かけた折にひいた風邪をこじらせて、回復しないまま、その月の二十九日に亡くなった。六三歳であった。

マリア・テレジアの死とともにハプスブルク君主国はヨーゼフ二世の単独統治の時代にはいる。

ヨーゼフ二世は、母よりさらに多くの分野にまで、しかも堰を切ったように大胆に改革の手を広げた。彼の目的は、「王朝の安全を維持すること」で、そのために「国家のためにあらゆる善をほどこすことができる絶対的権力」によって、それを妨げている諸制度・諸機構を廃止ないしは改組することであった。したがってその元凶ともいうべき諸邦の貴族支配体制、その経済的基盤である農奴制や絶大な力をもつ教会が攻撃のおもな対象となった。

そのさいに特徴的なのはヨーゼフ二世が、マリア・テレジアが除外してきた

▼寛容令　啓蒙主義の勝利の寓意。ヨーゼフ二世の背後で喜びをあらわすユダヤ教徒が描かれている。

ハンガリーやベルギーなどを例外なく改革の対象としたことである。そこに彼の現実を無視した画一的で啓蒙専制君主的な「上からの改革」ぶりがあらわれていた。

さて、ヨーゼフ二世治下の行政改革としては、一七八二年に新たにウィーンに統一宮廷庁が設けられ、唯一最高の中央官庁として行財政の権限の集中・統合化がはかられた。その下部組織の地方行政庁と郡庁の組織は以前のままだが、貴族の徴税権は地方行政庁に移され、領主裁判権や貴族の免税特権も廃止された。これにより貴族を排除・無力化するための中央政府の管理・権限がいっそう強化されたのである。また司法改革では、行政と司法の分離独立を明確化させることで最高司法庁を頂点とする、よりいっそう中央集権的な司法制度が整えられた。

ヨーゼフ二世の諸改革のうちもっとも重要なのは、教会と農業分野である。教会改革では一七八一年十月に「寛容令▲」が公布された。これはカトリック以外の信教の自由を認め、教会領を没収し修道院を解散させ、その土地を国有化するという大胆な内容であった。一方、農業分野では、彼はマリア・テレジア治下における賦役軽減を中心とした農民保護政策を踏襲しつつ、画期的な農民解放政策を打ち出した。それが八一年十一月に公布された農奴制廃止令であった。

また行政の一体化のためにベルギー、ロンバルディアを除く全邦一律のドイツ語の公用語化がはかられ（「言語令」一七八四年五月）、官庁、教育機関などで実施されることになり、それに対応して教育制度も改編された。ただしドイツ語化は、民族や伝統の異なる諸邦の反発をまねき、逆に諸邦の愛邦主義に火をつけたために啓蒙思想の影響を受けた知識層による諸地域の文化的独自性の発見・研究を促す契機をつくった。

さらに社会改革の一つに出版検閲制度の緩和があった。すなわち一七八一年六月に公布された検閲法で、従来の各邦の検閲官庁と教会による検閲が廃止され、中央の監督機関の官吏に委ねられることになった。そこでは「批判というものは、それが誹謗《ひぼう》文書でないかぎり、領主から下々の民にいたるまで禁じられるべきでない」（「検閲法」第三条）と謳われており、画期的な出版ブームを引きおこす契機をつくった。そのために禁書の数はそれまでの五〇〇〇から一七八三年には九〇〇〇まで減ったのである。

福祉国家の理念にそった貧民救済事業や慈善の施設の建設にも大きな成果があり、人口の集中する都市住民の生活権確保のために都市機能の充実もはかられた。すでに共同統治時代にヨーゼフ二世の指示で、ウィーンでは一七六六年に一般市民のために郊外の広大な王侯貴族の狩猟地プラーター▲が開放され、娯楽施設をもった憩いの場が確保されており、七五年には宮廷専用のアウガルテン庭園▲も一般に開放された。医療関係では、八四年八月にはウィーンに総合病院が建てられ、科学的な治療がほどこされるようになり、一般市民も利用が可能になった。また八五年十一月には軍医の最高教育機関ヨゼフィーヌム▲が建設された。

さらに一七八七年の「ヨーゼフ刑法典」では人道的立場からの死刑・拷問の廃止が盛り込まれている。これにはイタリアの啓蒙思想家で『犯罪と刑罰』の著者ベッカリーア▲の強い影響があり、中世的な残虐刑が温存されていた「テレジア刑法典」（一七六六年）とはきわだった違いをみせた。また「ヨーゼフ刑法典」の特徴の一つは、反社会的また反国家的な行為を重罪としていることであ

▲プラーター　もともとはドナウ川を北に臨む広大な森林地帯。十六世紀後半以降、王室専用の狩猟場となった。一八七三年にはここでウィーン万国博覧会が開かれた。

▲アウガルテン庭園　ウィーンの市街地とドナウ川の間に広がる公園で、レオポルト一世の宮殿があった。一七一八年にはここに磁器工場がつくられた。

▲ヨゼフィーヌム　一七八五年にヨーゼフ二世によってウィーンで設立された軍医師のための内科・外科高等教育機関。一七七七年に彼がフランスを公式訪問したさいに視察したパリの施療院がモデルになっている。

▲ツェザーレ・ボネサナ・ベッカリーア（一七三八〜九四頃）　イタリアの啓蒙思想家であり、法学者・経済学者。モンテスキューの影響を受け、人道主義的立場から死刑と拷問に反対した。彼の思想はエカテリーナ二世やフランス革命に影響を与えた。主著『犯罪と刑罰』。

った。その一方でヨーゼフ二世は、「秩序の維持と安寧」のために警察国家をめざし、警察制度も整え、一七八二年には領邦警察庁をつくった。それによって国家による一元的な保護と監視の徹底化をはかったのである。経済改革については、以下の節でふれるが、ヨーゼフ二世はマリア・テレジアの重商主義的政策を踏襲しつつ、ケネー、その弟子テュルゴーの影響を受けたツィンツェンドルフを側近にしたことで重農主義の価値を見出し、いわば両者の折衷主義的な政策を実施した。またかつてオイゲン公が提起し、マリア・テレジアも推進した東南部国境のバナートへの積極的な植民事業も奨励され、ルーマニア人、セルビア人、ハンガリー人、スロヴァキア人、ブルガリア人や多数のドイツ人が移住した。

ヨーゼフ二世の啓蒙主義的改革には、たしかに人道主義的な姿勢が色濃く反映されていたといえる。だがその一方で中央集権的支配を貫徹しようとするあまり、彼が伝統や地域の実情を無視した強引な政策を実施したために、諸邦の貴族の激しい抵抗をまねくことになった。ことに長く独立性を維持していたハンガリーやベルギーの反発は深刻で、それはヨーゼフ二世が一七九〇年二月の

▼カール・フォン・ツィンツェンドルフ（一七三九〜一八一三）　ドレスデン生まれの政治家・経済学者。一七六〇年からウィーンに住み、カトリックに改宗した。六六年から商務庁顧問となり、七〇年から宮廷会計庁の顧問官となった。八二年には新宮廷会計庁長官を務めた。自由貿易論者であり、重商主義に反対した。

▼オイゲン・フォン・サヴォイア公（一六六三〜一七三六）　パリ生まれのオーストリア軍人・政治家。一六八三年のオスマン帝国撃退の立役者で、レオポルト一世からマリア・テレジアに仕えた最高顧問の一人。ウィーンのベルヴェデーレ宮殿の主で、陰の国王と呼ばれた。

▼バナート　ルーマニア北部から一部セルビアにかけての歴史的地名。土地は、農業に適し、鉱物資源が豊富なため、多数の移住者をひきつけ、のちに民族運動の中心地となった。

死の直前に農奴制廃止令、寛容令を除く多くの改革を撤回するきっかけをつくったのである。

宗教政策——寛容令

ヨーゼフ二世の諸改革のうち農業改革と並んで特徴的なのは、宗教政策である。すでにマリア・テレジアは、一七七三年にイエズス会の廃止と財産没収をおこなっていたが、ヨーゼフ二世はそれを徹底し、八一年十月に寛容令を発布した。

それにより非カトリックのプロテスタント・ルター派やカルヴァン派、ギリシア正教徒に市民権と信教の自由が与えられ、その結果それまで彼らに閉ざされていたツンフトの親方や官吏になる道が開かれた。またプロテスタントには教会建設も許可されたが、建物の正面は道路に面してはならず、塔と鐘楼もつくってはならないなどの禁止条項も同時にあった。

チェコでは寛容令によって一五〇年以上にわたるプロテスタント信仰の禁止が解かれ、その信徒はユダヤ教徒とともに商工業における活動の機会を与えられた。ただしフス派の流れを汲むチェコ同胞団▲には信仰を公にする自由は与えられなかった。一方ハンガリーでは、寛容令はプロテスタントの中小貴族や農民によって歓迎されたが、大貴族やカトリック聖職者からは強い反発を受けた。司教は寛容令の撤回を求める請願書を皇帝に提出し、カトリックの支配的な県（コミタート）▲では、ヨーゼフ二世の命令を拒否したところもあった。

　寛容令は、絶対主義体制を確立するための手段として国家内で国家を形成するカトリック教会を国家に従属させ、管理し、国家教会の樹立をはかるという政治的目的とともに国有財産の増大化をはかり、宗教上差別されていた人々を解放し、人的資源として生産活動に寄与させるという経済的目的をもっていた。それが明示されたのが一七八二年の修道院の閉鎖であった。国家に奉仕する教育・医療などに従事していない七〇〇にものぼる修道院が閉鎖されたのである。そのさい没収された土地・財産によって宗教基金がつくられ、その資金の多くは小学校や福祉施設の設立に、残りは国家教会の精神にそった約一七〇〇の新しい教区や聖職者を養成するための六つの総合神学校の設立に利用された。

　ヨーゼフ二世の寛容令でもっとも変化を受けたのはユダヤ教徒である。マリ

▼チェコ同胞団　チェコのフス派運動の分裂で十五世紀半ばに生まれた俗人信徒の団体。厳格な信仰規律のゆえに、国王や教会からしばしば迫害を受けたが、十六世紀はじめには信徒数を一〇万に拡大した。三十年戦争期の激しい弾圧で大打撃をこうむった。

▼県（コミタート）　伝統的なハンガリーの地方自治組織。領域的な支配を維持する貴族、都市の代表、官僚からなる県議会がその最高審議機関であった。

ア・テレジアは一七四四年十二月のユダヤ教徒追放令をはじめ、彼らに対する過酷な弾圧を繰り返しおこなってきた。だが彼女はユダヤ教徒の商業的・経済的能力を高く評価するカウニッツや官房経済学者らの助言もあって、しだいにその対応をゆるめて、プラハからいったん追放した彼らの帰還を四八年には許可した。ヨーゼフ二世は、商工業の育成・強化という国家目的のためにユダヤ教徒を有効に利用しようとして、彼らの法的地位を改善し、政治的・社会的平等によってユダヤ教徒の解放・同化の促進をはかったのである。そこで寛容令によってユダヤ教徒にも手工業・商業・高等教育への道が開かれ、荘園の購入も許可された。またユダヤ教徒に対する差別的な服装規則など多くの強制措置も廃止された。その一方で現実には彼らは商取引や公文書にイディシュ語▲やヘブライ語を使うことを禁じられ、ウィーンをはじめとする都市では居住制限があり、八七年には彼らにドイツ風の姓名を名乗ることを強制する法律が出された。また新たに獲得した権利がユダヤ人嫌いの官吏によって侵害される場合もしばしばであった。

　ヨーゼフ二世は、ローマとの関係もみなおした。司教のローマとの通信の自

▲イディシュ語　ユダヤ人が用いるドイツ語。ライン中流域でユダヤ人が習得したドイツ語に、移住先のポーランド・リトアニアでスラヴ語の要素が加わり、混合言語を形成。伝統的にヘブライ文字を使用しているが、現在ではラテン文字表記も存在する。

寛容令に喜ぶウィーンのユダヤ人

▼**ピウス六世**（在位一七七五〜九九）　北イタリア生まれ。イエズス会で学び、「生まれながらの王者」と評された。一七九八年、ナポレオンによりローマから追放された。

ピウス六世（椅子に座っている人物）**とヨーゼフ二世**（椅子の前に立つ人物）

由は制限され、許可されたのは、教皇の大勅書や回勅の公開朗読だけであった。そこで教皇ピウス六世▲は、ローマ教会の干渉を排除するこうした動きを憂慮し、異例のことだが一七八二年にウィーンを訪れた。ピウス六世はヨーゼフ二世に国家教会主義的な改革への疑問を呈したが、彼は応じなかった。それでもピウス六世はヨーゼフ二世から教皇首位権を守るとの確約をえたために、かろうじて教皇の権威は保たれたのである。

ヨーゼフ二世の死後、寛容令の廃止を求めるカトリック教会の激しい動きがあったが、彼の弟で啓蒙君主の名高い次期皇帝レオポルト二世は、寛容令をそのままのかたちで残すことに決定した。

農民解放

「再版農奴制」下の中・東欧における啓蒙君主による大胆な農民解放策はヨーゼフ二世を歴史上不朽なものにした政策であった。これにより貴族体制の経済的基盤は解体され、国家による農民保護＝直接支配がはかられた。その結果、自由農民による小商品生産を促進させ、担税能力をますことが可能になった。

ヨーゼフ二世の発布した一七八一年の農奴制廃止令によって貴族領主は農民に対するこれまでの絶対的な支配を断念せざるをえなくなった。勅令では農民に多くの自由と権利が与えられたからである。まず農民は、法的身分の自由をはじめ、移動、職業選択、結婚などの自由を認められ、強制的な僕婢奉公の廃止、土地保有権、その売却・担保権をえた。さらに八九年二月に公布された土地台帳令によってあらためて賦役の廃止が決定され、同時に土地の査定による租税法のもとで、農民は領主直営地と農民保有地とを問わず、全土地収入の七〇％を受け取った。なお、その残りの三〇％のうち、国家が地租として一二・二％、聖俗領主が地代として一七・八％をえた。逆に貴族領主は、結果的に賦役収入の約二分の一ないしは三分の一を失ったといわれている。だがこうした所領経営を破綻させる政府の強引な措置はとうてい貴族らの容認できるはずはなく、政府に対する抵抗は必至であった。

農業の近代化をはかるうえで最大の障害である農奴制の廃止は農民の営業機会を拡大し、新しい中間層の形成を促進させた。また自由な労働力は人口増加とそれにともなう競争や社会的上昇とその逆に多くの無産労働者を生み出す素

トランシルヴァニアの農民一揆

地をつくったともいえる。そして今や自由な労働力は、一方では営業利益を促進させ、他方では資本主義的に組織された大規模な工業生産のための基礎を提供した。

総じてヨーゼフ二世の農民解放政策は、若干の抵抗はあったが内オーストリア、チェコでは比較的順調に進んだ。彼は、そうした成果を背景にかつてマリア・テレジアが対応に苦慮し、改革を断念したハンガリーをも改革の対象とし、実施の機会をうかがったのである。折しも一七八四年十月にトランシルヴァニアで約三万人の農民が参加した大規模な一揆が起こった。首謀者は、信教の自由、農奴制の廃止、領主直営地の農民への再配分などの要求を掲げていたが、政府の派遣した軍隊によって一揆は鎮圧され、八五年に首謀者は残酷に処刑された。これはとりもなおさず国家による農民保護を標榜する君主の限界を示す事件であった。また八五年八月にハンガリーで農奴制廃止令が施行されたが、貴族領主は一揆に脅え、結局それを受け入れざるをえなかったのである。

農業改革は、実際には円滑に進行したとはいえず、国内各地で貴族の強力な抵抗に遭遇したために、おのずから譲歩をよぎなくされることになる。一七九〇年のヨーゼフ二世の急逝により、反動の時代が訪れ、この急進的な措置の実施は最終的には約六〇年後に勃発した一八四八年革命▲の時期まで待たねばならなかったのである。

経済改革

マリア・テレジアの経済保護政策が一定の成果をみたあとにヨーゼフ二世は重商主義と重農主義の原則によってその政策を踏襲・発展させることに努めた。経済改革の第一はツンフト規制の廃止である(一七八五年)。そのために中世的な生産様式は大打撃を受けたが、工業生産によって自由競争が促進され、その一方で工業助成策が積極的に実施された。すでにみたように、例えば工場主や輸出業者への助成金の交付、内国関税の撤廃(一七七五年)や輸出税の廃止措置など工業化の促進・奨励策が次々と打ち出された。だがその反面、国内産業保護の立場から輸入品に対しては厳しい規制が設けられたのである。

さて、オーストリア政府の工業助成策のおかげで多くのマニュファクチュアが設立され、飛躍的な成長期をむかえた。工場数は一七七〇〜九〇年にハンガ

▼**一八四八年革命**　パリの二月革命に端を発し、ドイツやオーストリア、チェコ、ハンガリーへと発展した革命。中・東欧では諸民族の政治的自治・独立運動を触発したことから「諸国民(民族)の春」とも呼ばれる。

リーを含む神聖ローマ帝国全体で、七七から三八三に増え、例えばそのうちの三一七工場をみると、下オーストリア、ウィーンで一二六、チェコとモラヴィアで一一二と両者で全体の約六三%を占め、これらの地域に工業が集中していることがわかる(ハンガリーの工場数は六六)。また労働力不足を緩和するために農民に移動の自由を与えたために、工場労働者の集中も進み、例えば一七七五年に五〇〇人だったチェコのリベレツ(ライヒェンベルク)の絨毯《じゅうたん》工は、九四年には二五〇〇人に増加した。一方、ハンガリーでは諸都市がツンフトを保護し、マニュファクチュアの設立に反対していたせいもあり、工業労働者の総数は全人口の一%にも達しなかった。

生産部門別では、繊維が約五一%、鉄・金属が約一四%、以下建築材・石・ガラス、皮革、化学、印刷物、紙、木製品などとなっていた。一七八三年の商品別の輸出入をみると、マニュファクチュア製品が全輸出額の六五%(うち繊維の完成品が約四一%、鉄・金属が約一二%)であったから、原料と半加工品(二二%)、家畜・穀物・酒類(一二%)に比べ、輸出への工業製品の貢献度は高かった。地域別輸出入額も、工業化の程度とほぼ一致している。すなわち輸出では下オーストリアが全体の四一％を占め、次いでチェコとモラヴィアが二二％、上オーストリアが七％となり、輸入では上オーストリアが五六％、次いでチェコとモラヴィアが二三％となり、下オーストリアとチェコ諸邦がオーストリア経済の中心的地位を占めていたことが分かる。

　重商主義とともに促進された重農主義的政策を反映して農業生産でもこの時期大きな成果がみられた。輸入関税措置や輸入禁止品目によって穀物・食肉・飼料の西欧への輸出は増大した。また、保護関税率の高い状況でのハプスブルク家領の西半分の輸入に関しては、国内工業育成型がとられ、輸入品の四四％は原料(主として繊維)・半工業製品が、四〇％は家畜、食料、酒類(小麦、ワイン、皮革、牛、羊毛など)が占め、それらは主としてハンガリーをはじめとするバルカン地域からのものであった。また一七八一年の新関税法の実施で綿・麻織物、衣服、時計、装飾品、陶磁器など「国内で大部分製造しているか、不必要な」約二〇〇品目の外国製品の輸入が禁止された。没収品は公に廃棄され、例えば一七八五年に刺繍布とビロード製品で約三万グルデン分が焼却されたという。

製品の販路ではドナウ川による河川交通が発達し、それによってバルカン半島から南ロシア、レヴァントへ開かれた通商路が重要性をました。ことに一七七四年のキュチュク・カイナルジャ条約▲締結以降、ロシアが黒海への進出をはたしたのを契機に、交易が活発化した。その背景には、オーストリアがこの条約を仲介したことによってロシアとの関係が良好になったということがあり、オーストリアからは大小鎌、鉄製品、亜麻捺染布《なっせんふ》、装飾品が輸出され、ロシアからは毛皮その他の皮革製品、キャビアなどが輸入された。

このような商工業の発展により都市部を中心とした人口集中が著しくなった。一七八七年当時、首都ウィーンの人口は郊外を含めて約三〇万人で、プラハの六万人、ブダペストの五万人、ポジョニの三万人と比べてもその人口集中度は、群を抜いていた。都市では商工業で資力を蓄えた中産的産業市民層が台頭し、それまで重厚・華麗なバロック的・貴族的なものから徐々に自由・軽快な市民的なものにその雰囲気を変えていった。

▼キュチュク・カイナルジャ条約　一七七四年にロシアとトルコの間で結ばれた講和条約。ロシアは黒海北岸を獲得し、ロシア商船の黒海の自由航行権、キリスト教徒への保護権のほかに、一部領土も獲得した。これにより南下政策の重要拠点が確立された。

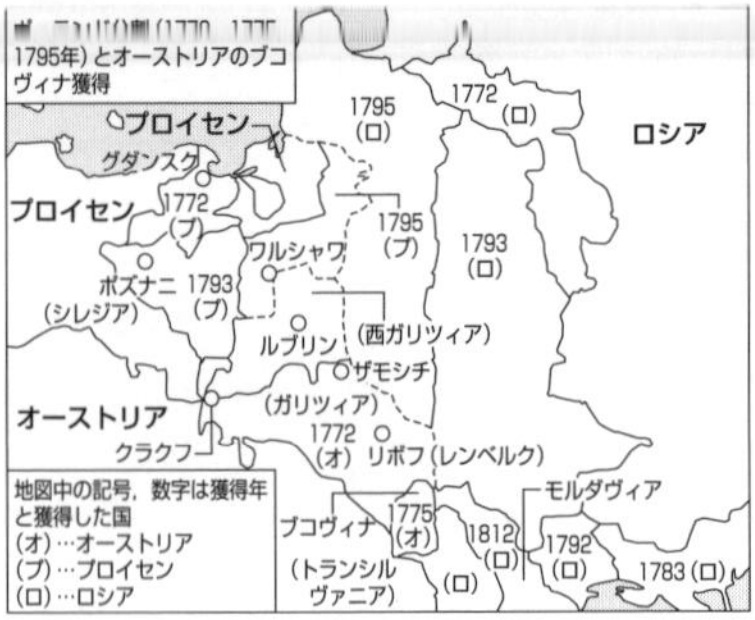

ポーランド分割

▲アブドゥル・ハミト一世（一七二五〜一八〇二）　オスマン帝国第二十七代スルタン。キュチュク・カイナルジャ条約で黒海北辺の諸城砦をロシアに奪われ、さらに一七八七年にはロシアとの戦争に敗れ、ロシアの干渉をまねく契機をつくった。

東方戦争

ヨーゼフ二世は、対外政策においてはマリア・テレジアがもっぱら現状の家領の保全に努めていたのとは対照的にポーランド分割やバイエルン侵攻のように露骨な領土的野心を示したが、バルカン半島においても同様である。そのために彼は同じくオスマン帝国に野心をいだくロシアとの連携を重視した。

ヨーゼフ二世は、まず一七七四年のキュチュク・カイナルジャ条約でロシアのエカテリーナ二世とオスマン帝国のアブドゥル・ハミト一世▲とを仲介した功績によりオスマン帝国から小領土のブコヴィナを戦わずに獲得した。それによりトランシルヴァニアと一七七二年のポーランド分割で手にいれたガリツィアとを自領で結びつけ、バルカン半島の東部国境域を強化したのである。

それから八年後の一七八〇年六月にヨーゼフ二世はエカテリーナ二世の招待を受け、前述のモヒレフで会談をおこない、両国の再接近をはかった。マリア・テレジアが愕然としたあの会談である。個人的にもエカテリーナ二世嫌いの彼女は、ヨーゼフ二世がロシアと同盟関係を強化することで他の強国を刺激することを危惧しつつ、その年の十一月に亡くなった。また八七年五月には、

第二次ロシア・トルコ戦争

▼**「ギリシア計画」**　バルカン半島にコンスタンティノープルを首都とするギリシア帝国を創設し、その皇帝に孫のコンスタンティンをあてるというエカテリーナ二世の計画。

ヨーゼフ二世は、ドニエプル川の河口にあるヘルソンでエカテリーナ二世と会談し、対オスマン帝国で慎重策、対プロイセンで強硬策をとることを確認させた。だがロシア滞在中に納税拒否に端を発する蜂起がベルギー各地で起こったとの報告を受けたために、彼は六月三十日に急遽ウィーンに舞いもどった。

さて、一七八七年八月十七日にオスマン帝国がロシアに宣戦布告して、第二次ロシア・トルコ戦争が勃発した。この戦争は、エカテリーナ二世のクリミア併合とグルジア保護支配に対するオスマン帝国の反発が引きおこしたものである。イギリスとプロイセンはオスマン帝国を支持し、フランスは中立を宣言した。オーストリアは翌年二月九日にオスマン帝国に宣戦布告をしたが、ロシアとの同盟の条件にあった援軍の派遣の範囲をこえて、参戦国として進んで戦列に加わった。その軍事負担は大きく、兵士二四万五〇〇〇人、騎馬三万七〇〇〇頭、大砲九〇〇門という大がかりなものであった。大部隊を投入した背景には一七八二年にエカテリーナ二世がヨーゼフ二世に親書を送り、そのなかで東方問題の根本的解決としての分割案、いわゆる「ギリシア計画」▲（ギリシア帝国の復活）を伝えていることもあった。その計画自体は立ち消えになったが、ヨーゼフ二世にはバルカン半島におけるロシア保護下のキリスト教国家の建設をなんとしてでも阻止する必要があったからである。

　オーストリアは、このたびの戦争ではヨーゼフ二世自ら一時指揮を執ったが、軍事的な指導力を発揮したとはいいがたい。彼が補佐官として信頼をおくアイルランド系の将軍ラシ伯▲は、ロシア軍の緩慢な動きに合わせて消極策に出たためにオスマン軍を不利な状況に追い詰めながらも勝機を逸してしまうほど、その戦術には問題があった。また前年の凶作による飢餓とマラリア▲の拡大も深刻であった。厭戦気分が兵士に充満し、逃亡もあいついだ。一七八八年六月から八九年五月までの一年間で一七万二〇〇〇人の兵士が病気になり、そのうち三万三〇〇〇人が死亡した。

　「乾いた咳が出て息苦しく、やせ衰え、夜も眠れず、微熱がでる」と弟のレオポルトに手紙でなげいてみせるこの皇帝のもとで戦況はいっこうに有利には導かれなかった。おまけに彼は一七八八年九月にバナートのティミショアラ（テメシュヴァール）に近いカラーンシェベシュの戦場▲で誤って配下の部隊を「同士打ち」させてしまい、戦争に嫌気を覚える始末であった。こうした最高

▼**フランツ・モーリッツ・ラシ伯爵**（一七二五〜一八〇一）　アイルランド系でロシア生まれのオーストリア軍司令官。マリア・テレジア側近の将軍ダウン伯の死後、ヨーゼフ二世の補佐官となった。オスマン帝国との戦争の総司令官でもあった。

▼**マラリア**　ハマダラ蚊の媒介するマラリア原虫によって起こる伝染病。熱帯や亜熱帯に多い。隔日に悪寒戦慄と高熱を発する。

▼**カラーンシェベシュの戦場**　オーストリア軍が民族の混成部隊で、たがいに意思の疎通を欠いていたために、オスマン帝国軍の来襲を誤解し、同士打ちを演じたといわれている。

指揮官のありえない過失は、彼の軍事的才能のなさがはからずも露呈した典型的な例とされている。

　だが一七八九年十月に事態は一変した。カウニッツの忠告をいれて、マリア・テレジアのかつての重臣で七二歳と老練なラウドン将軍▲がドナウ前線でラシにかわって指揮を執ることとなった。彼はセルビアでオスマン軍の侵入を退け、十月はじめにはベオグラードを占領したのである。一方それ以前の七月三十一日にはオーストリア軍は名将スヴォーロフ▲率いるロシア軍とともにモルダヴィア・ワラキア国境のフォクシャニの戦い▲に勝利した。この戦いを契機にオスマン軍は後方に退いたのである。

　後世、ヨーゼフ二世の親征の動機には、つねに君主は戦場で兵士とともにあるべし、というフリードリヒ二世の教訓を君主の模範にしたから、との見方もされているが、この戦争では結局わずかな成果しかあげることができなかった。そのうえ彼はかねてからの肺の疾患を戦場で悪化させたために、一七八八年十一月十八日にベオグラード郊外のゼムン（ゼムリン）をあとにしてウィーンへ帰還した。

▼ギデオン・フォン・ラウドン（一七一七〜九〇）　スコットランド出身のオーストリアの将軍でマリア・テレジアの側近。はじめロシアの陸軍士官となり、一七四三年にはオーストリア軍に入る。七年戦争で軍功を立てた。

▼アレクサンドル・ワシーリヴィチ・スヴォーロフ（一七二九〜一八〇〇）　ロシアの将軍。七年戦争で頭角をあらわし、一七七三〜七四、八七〜九二年のオスマン帝国との戦争で名声を確立した。のちに革命フランス軍と戦い、勝利する。

▼フォクシャニの戦い　フリードリヒ・ヨアシス・フォン・コーブルク率いるオーストリア軍とスヴォーロフ率いるロシア軍の連合軍が、オスマン帝国軍に潰滅的な打撃を与えた。

なお、この戦争が事実上終結したのは、ヨーゼフ二世の死後の一七九一年八月四日である（「ジシュトヴィ（スヴィシュトフ）▲の講和条約」）。レオポルト二世のもとで締結されたこの条約でハプスブルク・オスマン両王朝間の敵対関係は終わり、一八七八年のロシア・トルコ戦争にいたるまで国境の変更は加えられなかった。

さて、ここでヨーゼフ二世の死について付言しておこう。結局は先の東方遠征が、ヨーゼフ二世の命を縮めることになったのである。帰国後三人の侍医たちが彼の治療にあたったが、今日でいう肺結核の進行をとめることはできず、彼は一七八九年春以降絶えず激しい咳や発熱、大量の喀血、呼吸困難に苦しんだ。ヨーゼフ二世が亡くなったのは九〇年二月二十日であったが、死の直前まで通達や命令を秘書に口述筆記させ、自分が定めた条例や規則を順守することを持ち前の強い意志であらわした。

この彼の「強い意志」が、彼の最晩年にどのように君主国に政治的混乱を引き起こし、改革を挫折させるにいたったかを以下のハンガリーとベルギーの例でみてみよう。

▲**ジシュトヴィ**（スヴィシュトフ）　ブルガリア北部の町。

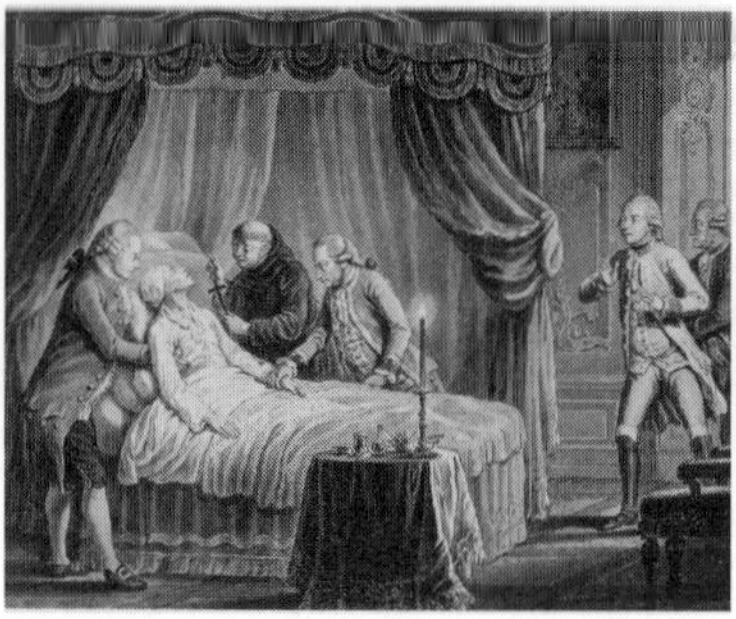

臨終のヨーゼフ二世　彼の亡骸は、二月二十二日にカプツィーナー教会の霊廟におさめられた。ヨーゼフ二世の柩は、なんの装飾も施されていない、極めて簡素なもので、そこには「最良の意志をもちながら何事も貫徹しえなかった王、ここに眠る」という墓碑銘が刻まれている。

⑤—君主国の政治的混乱と文化的活性化

ハンガリー

ハプスブルク家領の中央集権的な国家をめざすヨーゼフ二世にとってハンガリーの独立性・自主性は座視できなかった。それまでオーストリア政府はハンガリーの国法を尊重する立場から強引な政策を実行してこなかった。そのために「恩義を忘れない」マリア・テレジアがハンガリー貴族に対して執った対抗手段はせいぜいハンガリー議会の招集を拒否することであった。ところがヨーゼフ二世は、ハンガリーにも例外なく諸政策の実施を迫ったのである。

そこでまずヨーゼフ二世は、ハンガリー国法の独立性に挑戦するかのごとく、自らのハンガリー王即位にさいして、伝統的におこなわれてきたポジョニでの戴冠を拒否した。それと関連して彼は、ハンガリー王国の象徴である「聖イシュトヴァーンの王冠」▲をポジョニからウィーンの王宮に移管するという、ハンガリー国民を侮辱する前代未聞の行動にでた。ついでヨーゼフ二世治下の重要な改革である寛容令、農奴制廃止令、ツンフト規制の廃止も、ハンガリーにも

▼**「聖イシュトヴァーンの王冠」** ハンガリー王権の証として、列聖されたハンガリー初代の王イシュトヴァーン一世(九七〇?～一〇三八)の名を付してつくられた。

例外なく適用された。さらにそのうえハンガリー独自の行政単位である県を廃止し、画一的な一〇の州(ディストリクト)をおき、行政機構の改編に着手したのである。ハンガリー貴族の諸特権の排除や営業の機会を広げるこれらの諸政策は、当然ながら大貴族の猛烈な反対を受けたが、逆に農民・企業家・中小貴族からは歓迎され、また政府の工業・農業振興策もハンガリー経済全体に活況を与えた。ただし政府は高収入がみこめるために(内国)関税壁を撤廃せず、あくまでもハンガリーを外国扱いにし、農業国ないしは内国植民地として経済的下位におく方針を変えなかった。したがって他面からみればハンガリーはチェコのような大規模な工業化や統合化を政府から拒否されていたわけである。

またヨーゼフ二世は一七八四年にロンバルディアとベルギーを除く家領全体にドイツ語のみを公用語とする言語令を発布した。ドイツ語による共通語化はあくまでも官僚制の実施を徹底させる合理的・実際的・便宜的な面や性格の異なる領邦間の相互連絡や連帯の手段の面から考えての措置であって、決して民族語の排除を意図してはいなかった。とはいえ当時ドイツ語をとおしてドイツ文化を君主国全体に普及させるという啓蒙主義的考えを彼が強引に実現させようとはかったこともまた真実である。こうした画一的なドイツ語化政策は、諸邦の歴史・文化によって異なり、例えば十七世紀半ば以降ドイツ化が浸透しているチェコなどではチェコ人からはさほどの抵抗は受けなかった。

だが伝統的に公用語にラテン語を使用していたハンガリーにおいて、言語令は社会の各層が一致して激しく抵抗する契機となった。もし政府が時代に不適応としてラテン語を廃止するなら、それにかわるのはドイツ語ではなく、ハンガリー語であるというのが、抵抗するハンガリー人の主張であった。そこでハンガリーでは伝統的な特権の維持を志向する保守的な大貴族と文化的・民族的独自性を擁護しようとする愛国的(愛邦的な)中小貴族・上級市民層が、画一的なドイツ語化政策に対して共同で抵抗することになったのである。

こうしたハンガリーと政府との対立は、ヨーゼフ二世がロシアの要請を受けて一七八七年にオスマン帝国との戦争を開始したさいに先鋭化する結果となった。というのはヨーゼフ二世が、ハンガリーに新兵の補充と軍需物資の調達を要求したのに対して、貴族は、ハンガリー国法の再確立、諸改革の撤回、国王の正式な戴冠、議会の再招集をその要求受け入れの条件としてあげたからである。

この機をねらって当時プロイセンはハンガリーの反抗勢力と密かに手を結んでいたが、のちにはザクセン・ワイマール公にハンガリーの王位を与えることまで画策した。さらにベルギーのオーストリアに対する反乱や、オスマン軍との苦戦などがそれに加わると、国際情勢の悪化を配慮してヨーゼフ二世はハンガリー貴族に譲歩せざるをえなくなった。結局彼は一七九〇年二月の死の直前に、ハンガリーのすべての行政をもとにもどし、さらに次の皇帝レオポルト二世の治世に王冠もポジョニに返還され、ドイツ語の公用語化の強制も撤回されてラテン語の使用が復活した。

ベルギー（オーストリア領ネーデルラント）

ハンガリーと同様、ベルギーでも、ヨーゼフ二世の中央集権化政策が、外交上の無策振りとかさなり、地域の伝統と実情を無視した彼の啓蒙主義的改革の限界を端的に示すことになった。

十六世紀後半のオランダ独立戦争のさいに大半がカトリックにとどまったべ

ルギーがオーストリア・ハプスブルクの領土となったのはスペイン継承戦争後に締結されたラシュタット条約▲によるものであった。

カール六世とほぼ同様に、マリア・テレジアの治世には、この地域の貴族の伝統的な諸特権は尊重されたままで、諸制度の改変はおこなわれず、オーストリア政府が任命した全権公使がゆるやかな集権的統治をおこない、運河の掘削、港湾・道路網の整備や商工業が発展するなど、低迷状態にあったベルギー経済の立て直しがはかられた。また経済の活況にともなって、一七五五年には王立図書館の設立、七二年には王立アカデミーの創立などの文化的中心機能も整備された。

それに対しヨーゼフ二世はベルギーとオランダとの関係で外交問題にはじめて取り組み、また単独統治時代にはいるとベルギーの改革に自ら着手したのである。

ヨーゼフ二世は、スヘルデ河口▲の閉鎖の廃止と河川の自由航行により、かつて隆盛を誇ったハンザ都市アントウェルペン（アントワープ）貿易の再興を計画していた。しかし、一六四八年の講和条約（ミュンスター条約、ウェストファ

▼ラシュタット条約　スペイン継承戦争の講和条約（ユトレヒト条約、一七一三〜一四年）の一環として位置づけられるオーストリア・フランス間の条約。オーストリアは、スペイン領ネーデルラント（ベルギー）のほか、イタリアの諸地域を領有した。

▼スヘルデ河口　北フランスを源流に、ベルギー北西部を横切り、オランダで北海に注ぐ川。フランス語ではエスコー川。全長三五〇キロメートルで、流域にアントウェルペンがある。

リア条約)でオランダは、スペインからの独立を獲得したさいの国境画定でスヘルデ河口付近を領有し、アントウェルペンに通ずるスヘルデ川を永久に閉鎖する措置をとった。同市の貿易港としての再生の道は閉ざされていたのである。ヨーゼフ二世は、閉鎖解除をはかったがオランダがかたくなにそれを拒否する姿勢を示すと、やむなく閉鎖の継続を承認したので、ベルギー側の失望は大きかった。また彼が、ベルギーとバイエルンとの交換計画を再浮上させたことから、彼らのハプスブルク君主に対する忠誠心ももはや急速にゆらぎはじめた。この交換計画も、一七八五年に反オーストリア諸侯同盟を組織したプロイセンが先頭に立ち強く反対された。

さて、一七八一年のヨーゼフ二世の寛容令は、厳格なカトリック教徒の多いベルギーでは聖職者を中心に激しい拒否反応を引きおこした。しかし彼はこれを無視して八七年に行政・司法組織の徹底的な改革に着手した。また、オーストリア政府の強引な中央集権化政策は、歴史的・特権的な貴族による領邦自治の侵害であったから、それに対する反抗がブラバントとエノー州で生じ、両州は課税の賛否投票を拒否する行動に出た。ここにおいてそれまで敵対してきたカトリックの保守的な「三部会派▲」と急進的な「フォンク派▲」が反オーストリアで一致し、共同戦線を張ったのである。それに対して八九年六月にヨーゼフ二世がネーデルラントの自治の象徴であるブラバント州の古い憲法（「即位大典」）の諸特権を取り消し、州議会を廃止する措置で対抗しようとしたために、いっきょに事態は先鋭化し、十月に「ブラバント革命▲」が起き、革命軍が全土を制圧した。そこで弱体化したオーストリア軍はブリュッセルから退去せざるをえなかった。

一七九〇年一月には全国議会（三部会）が国の独立を宣言し、「ベルギー合衆国▲」（一〇州）が成立したが、それはヨーゼフ二世が亡くなるわずか一カ月前のことであった。

結果的にベルギーにおける革命状況の進展はフランス革命の帰趨に大きく左右されたとはいえ、ヨーゼフ二世による地域の実情を無視した強引で画一的な改革が、ハンガリーと同様に事態の悪化をまねく原因であったことはいなめない。

▼三部会派　ブリュッセルの弁護士アンリ・ファン・デル・ノート（一七三一～一八二七）が率いる保守勢力で、古い特権の復活を主張した。

▼フォンク派　ベルギーのデンデルモンデの弁護士ジャン・フランソア・フォンク（一七四三～九二）が率いる急進派で、人民主権の思想にもとづく国民議会の設立を主張した。

▼ブラバント革命（一七八九～九〇）　フォンク派が革命の成果を独占した三部会派と対立したために統一戦線が崩れ、その分裂を利用した神聖ローマ皇帝レオポルト二世の反撃を受けて敗北。

▼ベルギー合衆国　一七九〇年一月にブラバント革命に勝利した南ネーデルラントの一〇の州（ブラバント、フランドル、ルクセンブルクなど）により成立した短命のベルギー連邦共和国。

知的文化の展開

　十八世紀のハプスブルク家の支配領域における啓蒙思想の浸透とそれにもとづく政府の諸改革は、文化生活にも大きな変化を与えたが、文化の担い手はこの時代にはまだ特権的な宮廷皇族、聖職者、貴族や経済的に豊かな上級市民で、しかも活動範囲は都市にかぎられていた。だが、前述したようにマリア・テレジアとヨーゼフ二世治下における公教育の普及による識字率の上昇と検閲の緩和や外国の出版物の大量流入によってウィーンやプラハ、ブダペスト、ポジョニなど君主国の中心都市には読書クラブやコーヒー・ハウス、図書館などの情報ネットワークが生まれ、情報の共有化がはかられるなど知的な環境が整いつつあった。そのなかで都市の知的状況を示す新聞や小冊子の発行は、人々が政治的・文化的・社会的な情報量を格段に増やすのに貢献した。

　一七八一年の検閲緩和によって活況を呈した君主国の出版業ではウィーンが突出しており、出版物発行総数ではドイツ語文化圏でライプツィヒ、フランクフルトについで多かった。ウィーンの出版業者にはトラットナー▲のように、スヴィーテンの支援を受けて一七五二年からは宮廷付属書籍販売業者兼印刷業者

▼**ヨハン・トーマス・エドラー・フォン・トラットナー**（一七一七〜九八）　オーストリアのブルゲンランド出身で出版・印刷業者、書籍商、製紙工場主として啓蒙主義の時代にもっとも成功した企業家のひとり。ゲーテ、シラー、ヘルダー、レッシング、ヴィーラントなど著名人の作品を数多く復刻した。

となり、オーストリアのすべての学校教科書の委託印刷を手がけ、やがて大規模な製紙工場を建設するまでになった者もいた。彼が成功をおさめたのは需要の多いドイツ啓蒙思想家の著作の復刻に努めたからでもあった。

　さて、都市における出版物についてみると、代表的な新聞では一七八〇年にウィーンで創刊された『ウィーン新聞』(のちに政府機関紙)、プラハの『プラハ郵便新聞』(一七八二年)があるが、ハンガリーの啓蒙主義的な『マジャール報知』は最初ラテン語とドイツ語で、八〇年にハンガリー語で、ポジョニで発行され、『ハンガリーの使者』(一七八六年)はウィーンで発行された。また公教育が普及するなかでチェコ諸邦やハンガリーでは啓蒙主義的な通俗書から民族語の文法書や民族的な文学・歴史書まで出版されるようになった。例えばチェコ諸邦のモラヴィアではハンケ▲のドイツ語による『ボヘミア語〈チェコ語〉と文学の奨励』(一七八二年)が、チェコではトハーム▲のチェコ語による『チェコ語の擁護』(一七八三年)、また自然科学の基本的知識と同時に公益思想や商売に関する啓蒙的なチェコ語の『単純な民衆の啓蒙と笑いの月刊誌』『子供新聞』(一七八八年)などが出版された。一方、ハンガリーではウィーン在勤中に啓蒙

『プラハ郵便新聞』

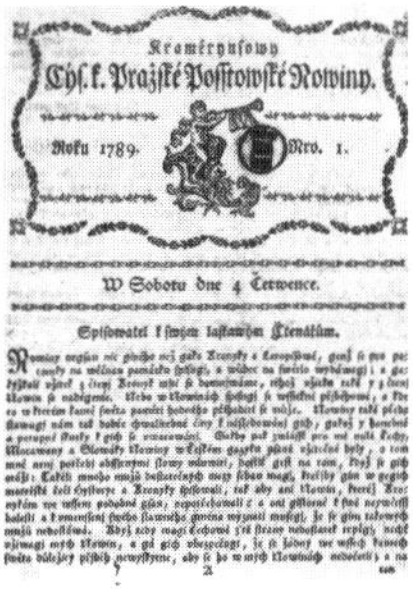

▼ヤン・アロイス・ハンケ(一七五一～一八〇六)　モラヴィア出身の啓蒙思想家。ゾンネンフェルスの影響を受け、ウィーンで法学・歴史学を学ぶ。一七七七年よりオロモウツの貴族アカデミーでチェコ語を教授。九六年に貴族の称号をえた。

▼カレル・イグナーツ・トハーム(一七六三～一八一六)　チェコ出身で、啓蒙主義期の文学者・語学者・詩人・翻訳家。チェコ語文法書、チェコ・ドイツ語辞典を出版し、またチェコ語演劇活動にも従事した。シェークスピアの『マクベス』や、シラーの『群盗』を翻訳した。

思想にふれた近衛士官ベッシェニェイ▲が、はじめてハンガリー語で文学作品を書き、民族語と文学の奨励に努めた。さらに八〇年代には最初の文芸雑誌『マジャール博物館』や『文芸年鑑』が発行され、啓蒙思想の普及に貢献したのである。

　ところでハンガリーの例でみると開明的な貴族の知的文化生活がフランス啓蒙思想の影響を強く受けていたことがわかる。当時、大・中貴族のなかには作家や詩人あるいは文学の保護者として活動していた者があったが、その多くはおもに啓蒙主義的な文学・政治・社会思想に強く触発されていた。このことはフランスと伝統的に結びつきの強いトランシルヴァニアにとくに当てはまり、そのさい貴族のサークルがフランス思想・文学を広める働きをした。例えばすでに一七五五年にハッレル伯▲はフェヌロン▲の絶対王政批判の教育小説『テレマークの冒険』（一六九九年）を翻訳している。一方、若い貴族の子弟はフランス、ベルギー、イギリスへの旅行で、あるいはドイツのプロテスタント系領邦で、さらに戦場でフランスやイギリスの将校との接触をとおして、新しい思想に出会った。熱心な啓蒙主義者の詩人で軍人のフェケテ伯▲はヴォルテールと文通し

▼**ジョルジュ・ベッシェニェイ**（一七四七〜一八一一）　詩人・作家であり、ウィーンのハンガリー近衛兵士。啓蒙主義を信奉し、『アイギスの悲劇』と『哲学者』のなかで政治・文化の現状を鋭く批判した。ハンガリー国民文学の先駆者の一人といえる。

▼**ラースロー・ハッレル伯**（一七一七〜五一）　トランシルヴァニアのマーラマロシュ（マラムレシュ）・ハジェ出身の貴族。フェヌロンの『テレマークの冒険』の訳者。啓蒙主義者でもあった。

▼**フランソア・フェヌロン**（一六五一〜一七一五）　フランスの聖職者・思想家・文学者であり、啓蒙思想の先駆者。ルイ十四世の支援を受けるが、体制批判を貫いたために不遇をかこつ。

▼**ヤーノシュ・フェケテ伯**（一七四一〜一八〇三）　ハンガリーの作家・詩人・軍人で啓蒙主義の信奉者。ヴォルテール主義者で、教会と上級貴族を敵視した。ハンガリー語、ドイツ語、ラテン語、フランス語で執

ていたが、一七八〇年の頃にはヴォルテール主義者であることは教養層にとってはハイカラな流行であった。マリア・テレジアはヴォルテールを嫌い、「骨の髄まで腐った」と罵ったほどだが、ヨーゼフ二世は彼の著作に若い頃から親しみ、心酔していた。

演劇については、一七四一年にウィーンで設立されたフランス語専用の宮廷劇場を七六年にヨーゼフ二世は自らの管轄下におき、ドイツ語によるドイツ演目の国民劇場に改組すると表明した。これは、それまで支配的であったイタリア語やフランス語による演劇を否定し、広く一般市民に開かれた演劇をめざした点でまさに啓蒙活動の典型であり、ドイツ語の公用語化をはかることによって共通のドイツ的な文化を創造しようとする意欲を示したものにほかならなかった。一七八四年の言語令もそれと同じ趣旨であった。演劇と並んで音楽に理解を示すヨーゼフ二世や有力な貴族に庇護された作曲家のハイドン▲、グルック▲やモーツァルト▲などがウィーンやプラハ、君主国の外で活躍し、君主国の文化的・芸術的な地位を押し上げた。

もちろん当時の一般民衆が、そうした文化的刺激を受け、知的生活の階層的

筆し、カウニッツ、ツィンツェンドルフなどオーストリアの著名なフリーメイソンと親交があった。

▼**ヨーゼフ・ハイドン**（一七三二〜一八〇九）　オーストリア出身でドイツ古典派の代表的作曲家。約三〇年間、ハンガリー大貴族エステルハージィ伯爵家の楽長を務めながら交響曲を作曲し、「交響曲の父」と称される。モーツァルトとも親交があった。

▼**クリストフ・グルック**（一七一四〜八七）　ドイツ出身。プラハ、ウィーン、ミラノで学び、一七四一年ミラノで歌劇作曲家としてデビューした。ウィーンで宮廷歌劇場の楽長となる（一七五四〜六四）。歌劇の改革者といわれる。

▼**ヴォルフガンク・アマデウス・モーツァルト**（一七五六〜九一）　ザルツブルク出身の音楽家。一七八一年からウィーンに定住。ドイツ古典派音楽を確立した。歌劇「ドン・ジョヴァンニ」はプラハで初演された。ヨーゼフ二世の支援で宮廷作曲家に任命された。

な裾野が広がるのにはまだ時間がかかった。たしかに道路・河川交通網の整備、交通手段・郵便事業の発達、農奴制廃止による移動の自由の確保やツンフト規制の緩和、通行税の廃止によって人々の往来・交流の機会はまし、初等教育の普及によって識字率も高まった。だが、啓蒙化された中心都市の文化の情報は中世さながらの地方の小村に容易に達する状況ではなかったからである。

フリーメイソン

フリーメイソンの活動も、ハプスブルク君主国における啓蒙思想の普及に大きな役割をはたしたといえよう。そしてその活動に関してもマリア・テレジアとヨーゼフ二世の考え方と対応はまったく違ったものであった。

フリーメイソンは、元来石工の組合を起源とし、十八世紀にイギリスで成立したロッジ(「石工の作業場」)を単位とした啓蒙主義的な友愛クラブの一種であるが、入会式が非公開のために秘密結社とみなされてきた。またそれは「信仰は各人の選択にまかせられ、すべての人間が同意できる宗教のみに従わせる」(「フリーメイソン憲章」一七二三年)といった宗教的寛容を旨としたこともあっ

▼クレメンス十二世（在位一七三〇～四〇）　フィレンツェ出身で、一六九一年にウィーン宮廷の教皇大使に任命された。老齢で教皇に選ばれ、教皇権の防衛に苦慮した。

て、ときには国や教会から激しい弾圧を受けてきたのである。

オーストリアの最初のロッジは、一七三五年にイギリスからの直接指導によってプラハで創設されたが、ウィーン初のロッジは四二年の「三つの法」であった。君主国内のフリーメイソン運動の普及になにより幸いだったのは、のちの皇帝フランツ・シュテファンが、マリア・テレジアとの結婚前の一七三一年にオランダのハーグでフリーメイソンに入会していたことである。三八年にはローマ教皇クレメンス十二世▲がメイソン破門令を発令したが、マリア・テレジアは夫の意向を尊重して、君主の権限で破門令を拒否している。ただしカトリックに深く帰依している彼女自身は、フリーメイソンを国家とカトリック教会とを危険にさらす組織とみなし、反対する立場を終始貫き、六四年にはその活動を全面的に禁止にした。

なおマリア・テレジアの宿敵フリードリヒ二世は、すでに一七三八年にフリーメイソンに加入し、四四年にはロッジ「三つの地球」を創設している。皮肉にもこのフリードリヒ二世とヨーゼフ二世とは、啓蒙思想を受容することでは一致していたのである。ここでもハプスブルク家の母子君主の考えは、真っ向から対立していた。

さてフリーメイソンの転機は、マリア・テレジアが亡くなり、ヨーゼフ二世の単独統治の時代に訪れた。その活動を保護し、「前掛をつけないメイソン」と渾名された彼の治世一〇年の前半五年間にオーストリアのフリーメイソンの活動は最盛期をむかえた。当時八つあるウィーンのロッジのなかでも一七八二年にトランシルヴァニア出身の自然科学者で作家のボルン▲が「親方(マイスター)」に就任したウィーンの「真の調和」(一七八一年設立)はもっとも活気があり、オーストリア全体の支柱ともなった。ボルンは、このロッジは「啓蒙主義に殉ずる人々の集まり」であり、その最終目的を「真実と英知と全人類の幸せ」と語っている。このロッジには前述のゾンネンフェルスや著述家ブルマウアー▲など啓蒙思想の主導的立場の学者、文化人や優れた音楽家たちが集まり、最盛期には一九七人が属していた。ちなみにモーツァルトはウィーンのロッジ「慈善」(一七八一年設立)に一七八四年十二月に入会している。彼には、「メイソンの喜び」(一七八五年)をはじめ、フリーメイソンを主題にした数多くの作品があるが、オペラ『魔笛』(一七九一年)は、その「善人形成」をモチーフにし

▼**イグナーツ・フォン・ボルン**(一七四二〜九一)　トランシルヴァニア出身の地質学者・鉱物学者・作家。ウィーンとプラハで学ぶ。自然科学界への貢献からヨーロッパ中で名声を博し、一七七六年に宮廷博物陳列室の専門官としてウィーンに招聘された。モーツァルトの『魔笛』のザラストロのモデルとされる。

▼**アロイス・ブルマウアー**(一七五五〜九八)　オーストリア、シュタイアー出身の編集者・書籍商・作家。ヨーゼフ二世の啓蒙主義的改革の信奉者で書籍検閲官となった。一七八二年にウィーンの啓蒙主義的な『現実新聞』の編集、八四年からは『フリーメイソンのための雑誌』の編集にたずさわる。『ヴァージルのアエネイスの戯詩』は風刺文学の傑作。

モーツァルトが出席しているウィーンのフリーメイソンの集会

た最晩年の代表作である。

ロッジの数は君主国全体で一七八四年には四五にのぼった。だがそのような活況のなかでヨーゼフ二世は八五年十二月に突如「フリーメイソン勅令」を発布する。その内容は外国のロッジとの関係を絶つこと、ロッジの数を削減し、定期的に会員リストを当局に送付し、集会の報告を義務づけるという事実上のフリーメイソン監視令だった。その結果ウィーンでは、フリーメイソンの会員数は八五年に約九五〇名であったが、翌年には三五〇名に激減した。勅令公布の背景には、ウィーンのフリーメイソン内部の混迷状態が進み、秘密の部分が多くなったこと、また君主国の諸邦、とりわけハンガリーで反政府運動にフリーメイソンが絡んでいたことなどがあげられる。ヨーゼフ二世は、フリーメイソンに理解を示してはいたが、その自由・平等の理念を重視していたというよりも、その政治的な利用価値を求めていたと思われる。現に彼はベルギー・バイエルン交換計画の実現のためにフリーメイソンにつながる結社「啓明会」の力に頼ったが、結果的に失敗した。それが彼のフリーメイソン評価を低くしたおもな原因ともいわれている。いずれにせよ君主という強力な保護者の後ろ盾をなくした組織はかつての勢いを失った。

ヨーゼフ改革や文化的な啓蒙活動を側面から支えてきたフリーメイソンは、ヨーゼフ二世と後継者レオポルト二世の死後、一七九〇年代に始まるオーストリアの長い反動期に凋落《ちょうらく》の一途をたどったのである。

諸邦における「愛邦主義」の形成

ハプスブルク家支配の諸邦では、十九世紀の前半に民族再生運動と呼ばれる言語・文化運動が、とりわけスラヴ民族居住地域で展開された。やがて文化運動は、政治的主張を付与して変質し、スラヴ主義思想を生むことになる。

その初期的形態としてヨーゼフ二世の単独統治の時代にあらわれたのが、愛邦主義である。それは啓蒙専制君主の「上からの改革」によって中世以来の強大な諸特権を奪われつつあった貴族が、ハプスブルクの中央集権化政策に抵抗して、伝統的な国法に依拠した領邦の権威・独立性ないし自主性を遵守・擁護する動きから起こった。そのさい彼らはその活動を領邦全体に浸透させるべく啓蒙主義に触発された開明的な貴族、聖職者、上級市民層に訴えた。さらにその活動は、啓蒙主義的改革、とりわけ検閲規制の緩和、寛容令、言語令や経済的な活況、出版物の大量発行や交通網の発達、教育の普及による識字率の向上などによって「下から」支えられた。また合理的・科学的な精神を重視する啓蒙思想は学問に対する批判的な姿勢を育て、諸邦の科学技術、歴史・言語・文化研究の水準の向上に貢献したのである。

　ただしこの時代の諸邦の学問・文化運動は、あくまでも啓蒙主義的であって民族的(ないしは国民的)運動とはいえず、例えばチェコ諸邦においてもその担い手はドイツ人でもあり、チェコ人でもあった。彼らは諸外国、ことにドイツ語圏からの文化的影響を民族の別なく受け止め、さらにそれを他邦に伝達していく役割をおびていた。チェコで啓蒙思想の普及に努めたのは大貴族によって財政的支援を受けた学術団体・協会やイエズス会の手から解放された大学や修道院、貴族の図書館・図書の貸出し組織、各地で生まれた読書会や談話室、フリーメイソンの「ロッジ」などのクラブ組織、廉価な文学書などであった。

　初期のチェコの学術団体では開明的で名門出のキンスキー伯▲と前述したボルンが一七七〇年に創設した「私立学術協会」がもっとも知られており、この協

▼**フランチシェク・ヨゼフ・キンスキー伯爵**(一七三九〜一八〇五)　チェコ出身。チェコ愛邦主義者の一人であり、チェコ語を擁護する『重要な事柄についての意見』をドイツ語で執筆した。

会は翌年からはドイツ語の雑誌『プラハ学術報知』を発行している。さらに重要なのは九〇年にやはりプラハで「チェコ王立科学協会」が設立されたことであり、これによりチェコの知的文化の公的な中核が誕生したのである。

さてチェコでは当時の読者層を考慮すれば、当然ながら出版物は圧倒的にドイツ語であった。だがマリア・テレジアが教育改革を遂行するさいに、機能的なドイツ語と並んで、地域の実情を踏まえ、初・中等学校でチェコ語を奨励したためにチェコ語の出版物も増えた。また、ウィーナー・ノイシュタットの士官学校やウィーンのテレジアヌムでもチェコ語が教えられた。さらにウィーン大学でも一七七五年にチェコ語講座が開かれるなど、民族(国民)語教育の普及がはかられた。そうした傾向に大きな変化を与えたのは、前述したヨーゼフ二世の画一的なドイツ語化政策であった。たしかにその方策は、国家の中央集権化をめざす彼にとっては機能主義、利便主義、合理主義にもとづくもので、決して民族の母語を否定したものではなかった。だが知的活動・職業に従事しているチェコ人エリートの大半が、現実にはドイツ語を日常語にしていたのが事実であるにせよ、ことに啓蒙思想の洗礼を受けた知識層にとって、ドイツ語化は固有の伝統・文化・歴史に対する敢然たる挑戦であった。

ヨーゼフ二世の国家の中央集権化政策は、伝統的にも歴史的にも「領邦＝チェコ」こそが自分たちの独立国家であることをチェコ人知識層に逆に想起させる契機となった。そのさい彼らにとって領邦＝チェコの「国家語」は、ドイツ語ではなく、チェコ語にほかならなかったのである。それがチェコのチェコ人知識層の抵抗の論証であり、その抵抗姿勢をたくみに利用したのが貴族であった。


これまで身分制議会の審議は、公式的にはチェコ語で進められ、チェコ王国の提案はチェコ語とドイツ語の両言語で読み上げられ、法律や指令は両言語で公示されていた。この慣習は、三十年戦争でプロテスタント系チェコ貴族が敗北し、ドイツ化が進行したなかですら奪われなかった特権であった。だがヨーゼフ二世の言語令はそれらの伝統的な国法の儀礼すら奪おうとしたのである。

そこであくまでも政治的に地域的（＝王国的）独自性を主張する貴族は、同じく地域的（＝民族的）独自性にもとづくチェコ人学者の研究を支援した。おおかたの成果は、十九世紀前半を待たなければならないが、この時代にも重要な成果

▼**ヨゼフ・ドブロフスキー**（一七五三〜一八二九）　ハンガリー出身のチェコ人司祭で、学問的なスラヴ言語学の創始者。チェコ民族の文化的覚醒に多大な貢献をした。

▼**フランチシェク・アントニーン・ノスティッツ・リーネック**（一七二五〜九四）　伯爵。チェコ出身で、芸術愛好家・芸術の保護者。著述にはドイツ語を用いた。彼がプラハで創設した「ノスティッツ伯国民劇場」で、一七八七年、モーツァルトの『ドン・ジョヴァンニ』が初演された。

が生まれている。例えばハンガリー生まれのチェコ人で元イエズス会士のスラヴ学者ドブロフスキー▲は、啓蒙主義的な批判精神にもとづく『チェコ語とチェコ文学の歴史』（一七九二年）などの優れた著作をものしたが、彼もノスティッツ伯▲らの支援で研究に専念できた一人であった。啓蒙思想とそれを容認したヨーゼフ二世の諸改革は、こうしてやや屈折したかたちで諸邦の文化活動に刺激を与え、十九世紀前半の民族再生運動の活発化を促す一大要因となった。

母子君主が残したもの

　十八世紀のハプスブルク君主国が他の時代、他の地域にもまして異彩を放ったのは、マリア・テレジアとヨーゼフ二世という個性豊かな君主をえたからである。この母子二代が統治した半世紀は、オーストリア継承戦争で始まりフランス革命の勃発で終わる激動の時代であった。だが同時にこの時代は、啓蒙の光におおわれた明るく、希望に満ちた時代でもあった。啓蒙という光輝くこの時代精神を、母は注意深く、子は大胆に利用し、「半周縁地域」＝中・東欧において中央集権的な国家体制のいっそうの強化に努めたのである。

これまでみてきたようにこの母子が関与した諸改革の多くは、きたるべき近代的な市民社会の先取りであり、母は現実妥協的、子は現実無視の姿勢の違いはあったものの改革の方向性に対する母子の理念はほぼ一致していた。ちなみに行政・司法・軍事機構の再編、教会改革や農業改革では母の路線を子が継承しつつ、よりダイナミックに徹底させたといってよい。外交においては二人の間にはポーランド分割やバイエルン領有、ロシアとの連携など、ときには大きなへだたりがあった。だがマリア・テレジアは、わが子たちを犠牲にした伝統的な婚姻政策で支配権を国外で確保することに貪欲であったし、最終的にはヨーゼフ二世の領土拡大路線を追認することになった。

母マリア・テレジアは、信心深く、真からカトリック教会に忠実な女性で、「啓蒙」を嫌ったが、啓蒙主義者やフリーメイソンに属する側近の意見には十分耳をかたむけた。例えば、彼女がもっとも信頼する侍医で検閲顧問官のスヴィーテンがモンテスキューの『法の精神』の翻訳を出版業者に許可するのを彼女は見のがしたほどである。子のヨーゼフ二世は、啓蒙的精神の教育を受け、ことに自然法を学んだまさに「啓蒙の子」であったから、古い伝統や権威を否定し、不正の監視に力を注いだ。祭日の縮小、巡礼の禁止、埋葬の簡素化は彼の経済的合理性に依拠しているが、逆に楽しみや敬神を奪われた多くの民衆の不興を買った。

今日、マリア・テレジアの後期の改革とヨーゼフ二世のそれにみられる啓蒙主義的改革の理念は、ヨーゼフ主義と呼ばれている。ヨーゼフ主義は、その「目玉」である農奴解放、寛容令にしてもハプスブルク家による国家統合を基礎にしているが、その自由主義的・民主主義的側面は、フランス革命、オーストリアの反動期のなかでも命脈を保った。そしてその精神は十九世紀前半に諸邦で活発化する民族語復権を基盤とする民族(国民)再生運動に生かされ、逆に各邦がハプスブルク君主国から自立・独立する道を開くのにおおいに貢献したのである。

マリア・テレジア(M)、ヨーゼフ2世(J)とその時代

西暦	齢(M)	齢(J)	おもな事項
1717	0		*5*- マリア・テレジア，ウィーンで誕生
1718	1		*7*- パッサロヴィッツ条約締結
1720			*10*- チェコ議会，「国事詔書」承認
1733			ポーランド継承戦争(～38)
1736	18		*2*- マリア・テレジア，ロートリンゲン公シュテファンと結婚
1738			ウィーン条約
1739	22		ベオグラードの和約
1740	23		*10*- カール6世没。マリア・テレジア，即位。*12*- プロイセンのフリードリヒ2世，シレジアに侵入。オーストリア継承戦争，勃発(～48年10月，アーヘンの和約)
1741	24	0	*3*- ヨーゼフ2世，ウィーンで誕生
1744		3	シェーンブルン宮殿建設(～50)
1746		5	テレジアヌム開設
1749	32	8	チェコ，行政上オーストリアと一体化
1752	35	11	マリア・テレジア，士官学校開設
1754	37	13	*10*- マリア・テレジアの関税令
1756	39	15	*1*- ウェストミンスター協定。*5*- ヴェルサイユ協定(「外交革命」)。*8*- フリードリヒ2世，ザクセン侵入。七年戦争開始(～63)
1761	44	20	ウィーンに国務参議会創設
1763	46	22	フベルトゥスブルクの和約。七年戦争終結。プロイセン，シレジア確保
1765	48		神聖ローマ皇帝，ヨーゼフ2世即位。マリア・テレジアと共同統治
1767	50	26	*1*- 土地台帳令
1770	53	29	各領邦首都に師範学校設立
1772	55	31	*8*- 第1次ポーランド分割。オーストリア，ガリツィア領有
1773	56	32	イエズス会，解散
1774	57	33	*12*- 学校令(一般教育令)
1775	58	34	*2*- チェコ北部で大規模な農民一揆。*8*- チェコに賦役制限令
1776	59	35	拷問廃止。国民劇場創設
1777	60	36	ヨーゼフ2世，ヴェルサイユ訪問
1778	61	37	オーストリア・プロイセン間でバイエルン継承戦争(～79)
1780	63	39	*11*- マリア・テレジア死去。ヨーゼフ2世の単独統治開始
1781		40	*10*- 宗教寛容令。*11*- 農奴制廃止令
1784		43	*5*- 言語令。*11*- トランシルヴァニアで農民蜂起
1785		44	*8*- ハンガリーで農奴制廃止令。ハンガリー初の国勢調査。ヨゼフィーヌム創設
1787		46	*1*- オーストリア領ネーデルラント(ベルギー)で反乱勃発。「刑法典」で死刑廃止
1788		47	*2*- 第2次トルコ戦争(～91)。ハンガリーで反改革抵抗運動開始
1790		48	*2*- ヨーゼフ2世死去。レオポルト2世，皇帝即位(～92)

参考文献

アンドリュー・ウィートクロフツ(瀬原義生訳)『ハプスブルク家の皇帝たち――帝国の体現者』文理閣，2009年

江村洋『マリア・テレジアとその時代』東京書籍，1992年

ロビン・オーキー(三方洋子訳，山之内克子・秋山晋吾監訳)『ハプスブルク君主国 1765-1918』NTT出版株式会社，2010年

倉田稔『ハプスブルク歴史物語』日本放送出版協会，1994年

成瀬治・山田欣吾・木村靖二編『ドイツ史2　1648-1890』山川出版社，1996年

丹後杏一『ハプスブルク帝国の近代化とヨーゼフ主義』多賀出版，1997年

エーリヒ・ツェルナー(リンツビヒラ裕美訳)『オーストリア史』彩流社，2000年

エンゲルハルト・ヴァイグル(三島憲一・宮田敦子訳)『啓蒙の都市周辺』岩波書店，1997年

H・バラージュ・エーヴァ(渡邊昭子・岩崎周一訳)『ハプスブルクとハンガリー』成文社，2003年

エクハルト・マホフスキー(倉田稔訳)『革命家皇帝ヨーゼフ二世――ハプスブルク帝国の啓蒙君主 1741-1790』藤原書店，2011年

南塚信吾編『ドナウ・ヨーロッパ史』(新版　世界各国史19)山川出版社，1999年

山之内克子『ハプスブルクの文化革命』講談社，2005年

アン・ティツィア・ライティヒ(江村洋訳)『女帝　マリア・テレジア』上下　谷沢書房，1984年

T.C.W. Blanning, *Josef II*, London, 1994

Karl Bosl (Hg.), *Handbuch der Geschichte der böhmischen Länder*, Bd. II, Stuttgart, 1974

Elisabeth Brander-Rottmann, *Die Reformen Kaiser Josef II.*, Göttingen, 1973

Horst Haselsteiner, *Josef II. und die Komitate Ungarns*, Wien, Köln, Graz, 1983

Hans Magenschab, *Josef II., Revolutionäer von Gottes Gnaden*, Graz, Wien, Köln, 1979

Hans Magenschab, *Josef II., Österreichs Weg in die Moderne*, Wien, 2006

Österreich im Europa der Aufkläerung. Kontinuität und Zäsur in Europa zur Zeit Maria Theresias und Josefs II. Internationals Symposion in Wien 20.-23.Oktober 1980, Wien, 2 Bde., 1985

Österreich zur Zeit Kaiser Josefs II., Niederösterreichische Landesausstellung-Katalog, Stift Melk, 1980

Karl Roider Jr., *Austria's Eastern Question 1700-1790*, New Jersey, 1982

Richte Robertson, Edward Timmes (eds.), *The Austrian Enlightenment and its Aftermath, Austrian Studies 2*, Edinburgh UP., 1991

Victor Tapié, *Maria Theresia, Die Kaiserin und ihr Reich*, Graz, Wien, Köln, 1980

Werner Telesko, *Maria Theresia, Ein europäischer Mythos*, Wien, Köln, Weimar, 2012

Erich Zöllner (Hg.), *Österreich im Zeitalter des aufgeklärten Absoltismus*, Wien, 1983

図版出典一覧

Felix Czeike, *Wien, Geschichte in Bilddokumenten*, München, 1984. *16, 64*

Hubert Gndolf, *Um Österreich!, Schlachten unter Habsburgs Krone*, Graz, 1995 *19*

Hans Magenschab, *Josef II., Österreichs Weg in die Moderne*, Wien, 2006. *59, 73*

Hans Magenschab, *Josef II., Revolutionäer von Gottes Gnaden*, Graz, Wien, Köln, 1979. *71*

Sylvia Mattl-Wurm, *Wien vom Barock bis zur Aufklärung*, Wien, 1999. *37*

Josef Petráň(red.), *Počátky českého národního obrození*, Praha, 1990. *91*

Johannes Sachslehner, *Barock und Aufklärung, Geschichte Österreichs*, Wien, 2003. *29(3)*右, *70*

Johannes Sachslehner, *Wien, Stadtgeschichte Kompakt,* Wien, 1998. *27*右・下

Vikctor Tapié, *Maria Theresia, Die Kaiserin und ihr Reich,* Graz, Wien, Köln, 1980. *15, 23, 28(2), 47*左

Werner Telesko, *Maria Theresia, Ein europäischer Mythos*, Wien, Köln, Weimar, 2012. *29(3)*左, *31(6)・(7), 63*

Brigitte Vacha(Hg.), *Die Habsburger, Eine europäischer Familiengeschichte,* Graz, Wien, Köln, 1992. *30(5), 46, 82, 97*

Karl Vocelka, Lynne Heller, *Die Lebenswelt der Habsburger,* Graz, Wien, Köln, 1997. *27*上・左, *28(1), 30(4), 47*右

Österreich zur Zeit Kaiser Josef II., Niederösterreichische Landesausstellung-Katalog, Stift Melk, 1980. 扉, *61*

PPS 通信社 カバー表・裏, *9, 17, 24, 83*

稲野強(いねの つよし)
1943年生まれ
早稲田大学大学院文学研究科博士課程単位取得退学
専攻，中・東欧近代史，日墺文化交流史
群馬県立女子大学名誉教授

主要著訳書・論文
『ドナウ・ヨーロッパ史』(共著，山川出版社 1999)
Mehr als Maschinen für Musik(共著，Literas，Wien 1990)
H. コーン『ハプスブルク帝国史入門』(共訳，恒文社 1982)
「16世紀における『トルコ人像』の形成について」(『群馬県立女子大学紀要』2002)

世界史リブレット人56
マリア・テレジアとヨーゼフ2世《せい》
ハプスブルク、栄光《えいこう》の立役者《たてやくしゃ》

2014年 2月20日 1版1刷発行
2024年 3月31日 1版3刷発行

著者：稲野《いねの》 強《つよし》
発行者：野澤武史
装幀者：菊地信義
発行所：株式会社 山川出版社
〒101-0047 東京都千代田区内神田1-13-13
電話 03-3293-8131(営業) 8134(編集)
https://www.yamakawa.co.jp/
印刷所：株式会社 明祥
製本所：株式会社 ブロケード

 ISBN978-4-634-35056-4